教育部人文社会科学重点研究基地重大项目资助
项目编号：16JJD860005

中国主流媒体融合创新研究

RESEARCH ON THE
CONVERGENCE OF CHINESE
MAINSTREAM MEDIA

段　鹏 ⓒ 著

中国传媒大学 出版社
·北京·

CONTENTS 目录

第一章 媒介融合背景下的主流媒体创新发展 / 1
 第一节 媒介融合的起源和演变 / 3
 第二节 媒介融合理论的前景展望 / 30
 第三节 媒介融合进程中的主流媒体创新发展 / 42

第二章 国外主流媒体的融合发展历程和经验 / 56
 第一节 国外主流媒体的融合发展历程 / 57
 第二节 国外主流媒体融合创新的经验 / 90

第三章 我国主流媒体融合创新中的问题及原因探究 / 97
 第一节 我国主流媒体融合创新中的问题 / 97
 第二节 我国主流媒体融合创新能力不足的原因分析 / 124

第四章　中国主流媒体融合创新现状　/ 137

第一节　内容层面：专业化与多元化　/ 138

第二节　渠道层面：多样化与联动化　/ 144

第三节　平台层面：技术性与互动性　/ 149

第四节　经营层面：资本整合与模式创新　/ 154

第五节　管理层面：体制优化与流程重构　/ 158

第五章　推动主流媒体融合创新发展的建议与策略　/ 164

第一节　宏观策略　/ 166

第二节　中观策略　/ 178

第三节　微观策略　/ 183

结　语　/ 197

第一章　媒介融合背景下的主流媒体创新发展

21世纪的世界是变化的世界。在这场近乎波及人类社会方方面面和各个角度的变革之中,媒介领域自然也兴起了足以抹平传统媒体和新兴媒体界限的惊涛骇浪。在持续发展和前进的中国,伴随着以互联网技术等为代表的新型传播技术的快速铺开和应用,这种媒介融合的现象显得尤为剧烈。传统媒体譬如报刊、广播、电视等面临着重大的挑战和机遇,也各自相继发生了重大的变革。在以报刊、广播、电视等为代表的旧媒体和依托互联网技术而迅速发展壮大的一系列新媒体之间,出现了一种前所未有的趋势,即以往各个媒体之间清晰的边界逐渐消融,不同的媒介呈现出一种融合发展的态势,这种在整个媒介形态层面上的变化被称作媒介融合。

如今,随着媒介融合日益成为媒介行业和媒介研究领域无法避开的话题,众多的媒介从业者和研究者纷纷意识到,倘若试图在21世纪实现媒介产业的再发展和再创新,搞清楚如何将传统媒体的转型发展同新兴媒体融合发展联系起来,将对在新的历史时期下解决这个问题具有非凡的意义。对新的传播形态进行探究,尝试对新的媒介发展趋势做出预测,将有助于媒介产业从业者和相关政府部门理解媒介融合所带来的种种变革,准确把握媒介发展方向。这也将有助于整个媒介行业的实践,帮助从业者接受种种变革的事实并参与到信息传播方式、内容生产方式的转变之中。

在我国的媒介融合实践中,主流媒体始终肩负着重要的任务;同时,推动传统媒体与新兴媒体融合发展,对于迫切需要实现创新发展的主流媒体来说可谓恰逢其时。对我国的主流媒体而言,在创新发展的道路上选择媒介融合之路,不仅是主流媒体在互联网大潮的冲击下化挑战为机遇、变困局为良机的自强之路,更是党和人民在多年的媒体事业实践中赋予它们的重大政治任务。

习近平主席一直高度重视党的意识形态和新闻宣传工作。一方面,他多次鼓励新闻工作者在坚持党性原则的基础上更要把握信息时代的传播规律;另一方面,在中央全面深化改革领导小组的会议上,习近平主席多次着重领导讨论媒体行业的发展蓝图。比如,早在2014年通过的《关于推动传统媒体和新兴媒体融合发展的指导意见》中,习近平主席就强调了如今我国媒体行业的重心在于推动传统媒体和新兴媒体的融合发展;在引入互联网思维的基础上,对新闻传播规律和媒体发展规律的掌握缺一不可;党和国家将在之后的几年内"着力打造一批形态多样、手段先进、具有竞争力的新型主流媒体,建成几家拥有强大实力和传播力、公信力、影响力的新兴媒体集团,形成立体多样、融合发展的现代传播体系"。又如2016年2月,习近平主席在党的新闻舆论工作座谈会上着重指出党的新闻舆论工作的重要地位。习主席指出,新闻舆论工作始终是关乎国家长治久安的大事,尤其在媒介融合的背景下,如何做好新闻舆论工作,如何坚持党的领导,如何坚持正确的政治导向,如何坚持群众路线,更是主流媒体一以贯之的使命和职责所在。主流媒体实现自身的融合创新发展,必须坚持新闻传播规律,创新传播方式方法,从而切实地提高自身的传播能力。

第一节 媒介融合的起源和演变

一、媒介融合理论的缘起

1.相关概念的提出及引入

媒介融合是一个由西方学者提出的内涵相对丰富的概念。依照学界目前达成的共识,美国麻省理工学院教授伊契尔·索勒·普尔(Ithiel De Sola Pool)首先提出这一概念。他在1983年正式提出"融合"的说法,并将其定义为"各种媒介呈现出多功能一体化的趋势"。普尔在《自由的技术》一书中指出:"一个既定的物理网络能够提供任何类别的媒介设备,反过来,一个曾被限制于一种技术的媒介设备现在能够被传送到任何物理上分散的网络上。"普尔指明了媒介融合中可能存在的两种形式:一是单一媒体就足以提供以往由众多不同媒体提供的服务项目,二是曾经受到媒体限制,只能由一种媒体提供的服务内容已经可以摆脱相应的限制,由不同的媒体呈现。时至今日,我们可以看到普尔的预言已然成为现实。我们可以通过互联网连接全世界的媒体内容,也可以利用网络、电视、手机收看同一档电视节目。可见媒介融合的概念虽然几经变化,但是核心的内容却如同上文描述的那样一以贯之。

在上述观点之外,20世纪七八十年代后也有其他众多学者和媒体从业者投身于媒介融合的研究和实践中,凭借自身的学科背景知识和具体研究所得,共同推动了媒介融合的进展。众所周知,"Convergence"(融合)一词首先来源于自然科学,直到20世纪70年代末才逐渐进入新闻传播学界,被用于描述"媒介融合"这一概念。而站在交叉学科的视点上,最早提出不同工业"即将和正在趋于融合"这一远见的人是美国麻省理工学院的学者尼古拉斯·尼葛洛庞蒂(Nicholas Negroponte)。20世纪70年代末,他率先提出三元聚合理论,这一理论用三个彼此交叉的圆环代表当时的计算机工业、出版印刷工业和广播电影工业,寓意为这三个工业种类的技术边界日益趋向于重叠。尼葛洛庞帝同时也指出,这三者的交叉处将在日后成为成长最快、创新最多的领域。之后,罗杰·菲德勒(Roger Fiddler)在《媒介形态变化——认识新媒介》一书中再次强调这三个领域必将慢慢走向融合。这一著作不但较先推广了尼葛洛庞帝的三元聚合理论,而且较早地试图廓清学界热议的媒介融合理论,这给新闻传播学界之后的研究带来了不小的启发。[①]

20世纪的后二十年,数字化技术的发展引领着媒介融合的进程不断迅速地向前发展。从硬件层面来看,进步飞速且处在变革之中的技术为媒介产业融合提供了技术支撑,理所当然地,技术领域的革新也导向了管理手段、信息传播等的重大飞跃,大量研究成果涌现。随着研究领域的融合和拓展,为了反映数字融合的发展趋势,诸多学者创造出了相对应的新词来反映目前新鲜的研究领域,比如"Compunication"(计算机通信)和"Telelmatiqu"(电子通讯技术)。以前者为例,哈佛大学教授安东尼·奥丁格(Anthony Oettinger)创造了这个全新的词汇以描述电子计算机和电子信息传播之间的结合,他认为两者的

---

① 菲德勒.媒介形态变化——认识新媒介[M].明安香,译.北京:华夏出版社,2000:22-23.

联合终将发生,这也是伴随着数字技术进步的必然结果。而随着相应词汇的使用,我们可以更方便地将诸如数据传送方式、信息处理技术、安全协议这些相关的词汇同现有的概念联系起来并建立完善的知识体系。20世纪90年代末,美国学者格林斯汀(Greenstein)和迦拿(Khanna)的研究促进了产业融合理论的逐渐发展和成熟,二人在先前的诸多理论成果的基础上,尝试从新的角度定义"融合",他们认为融合是"为了适应产业增长而发生的产业边界的收缩或消失"。[①] 而此时,他们的研究目标也已经从早期尼葛洛庞帝对整个工业的预言中再度聚焦到以互联网为标志的计算机、通信和广播电视的融合上。同年,欧洲委员会整理制定了一个涉及相关产业的绿皮书,其中涉及关于电信业、媒体业及信息技术产业相融合的概念。

2003年,美国西北大学教授里奇·高登(Rich Gordon)在《融合一词的意义与内涵》一文中继续探索了媒介融合的意义,他认为这一概念随情境的不同具有六种定义,即媒体科技融合、媒体所有权合并、媒体战术性联合、媒体组织结构性融合、新闻采访技能融合以及新闻叙事形式融合。[②] 这种更为精细的分类,是对媒介形态融合、媒介业务融合等融合形式的进一步发展。

然而,尽管媒介融合研究者众多,有一点仍然值得关注,即虽然"媒介融合"的概念在20世纪八十年代既已出现,但学界对它的定义却仍未形成定论。这一方面是因为"媒介融合"本身是个历时性的概念,人们对它的把握往往与媒介同阶段的发展与实践紧密相关,纵向的时间维度导致对这一概念的理解有所不同;另一方面是因为西方研究媒介融合的学者们具有不同的学科背景,有的学者从媒介史的角度

---

① 曹卫,郝亚林.产业融合对我国产业结构调整的启示[J].经济体制改革,2003(3).
② 宋昭勋.新闻传播学中Convergence一词溯源及内涵[J].现代传播,2006(1).

出发,有的从文化研究的角度入手,因而他们对于这一概念具有不同认识。例如,媒介史学者詹尼特和萨宾将媒介融合定义为"传统媒体与新技术的结合"①,政治经济学者蒂姆·德维尔(Tim Dwyer)认为"媒介融合是一个过程,新技术被容纳进现有媒介和大众传播文化工业之中"②。

众所周知,在我们国家,传播学是一门相对比较年轻的学科,相关领域的研究起步都比较晚,这某种程度上也导致中国的媒介融合研究在很长一段时间里是落后于西方的。而在我国媒介融合研究的起步时期,由于缺乏开阔的媒介产业视野,我国的媒介融合研究往往也很难产出有价值、有突破的研究成果。这种在传播学研究领域中既缺乏新问题刺激又难以实现理论突破的相对落后的局面一直持续到21世纪初。

伴随着互联网技术变革的浪潮席卷全球,中国第一次实时参与到技术革命的过程中来,一场波及全社会上下各个层面的变革也随之出现。而当互联网技术更多地作为一种媒介技术出现的时候,媒介领域也发生了翻天覆地的变化。新的历史时期中,如何处理媒介融合发展所带来的机遇和挑战,成为摆在中国新闻界面前的紧迫问题。飞速发展的互联网彻底改变了新闻传播在中国相对稳定的业态,依托着数字技术,众多新媒体应用形式正不断地涌现出来。这些旧媒体的"终结者",同时也是新媒体形式的"先行者",迅速踏入传统新闻传播业曾经占有或者尚未涉足的领域。中国人民大学的蔡雯教授是国内最早进行"媒介融合"研究的学者之一,她在2005年前后陆续发表了众多有关"媒介融合"的文章,并指出了"在数字技术与网络传播推动下,各类

---

① STAIGE J, HAKE S. Convergence Media History[M]. London: Routledge, 2009.
② 郭毅,于翠玲. 国外"媒介融合"概念及相关问题综述[J]. 现代出版,2013(1).

型媒介通过新介质真正实现汇聚和融合"的可能。① 2009年，蔡雯教授进一步总结概括了关于媒介融合的观点，她认为媒介融合应该是内容、渠道、终端等方面的交融，同时她认为"媒介融合是指在以数字技术、网络技术和电子通讯技术为核心的科学技术的推动下，组成大媒体业的各产业组织在经济利益和社会需求的驱动下通过合作、并购和整合等手段，实现不同媒介形态的内容融合、传播渠道融合和媒介终端融合的过程"②。

此外，国内不少学者跟进并发展了对媒介融合的研究，如清华大学的熊澄宇教授认为媒介融合指"所有的媒介都向电子化和数字化这种形式靠拢，这个趋势是由数字技术驱动的，并在网络技术的推动下变得可能"；中国人民大学的高钢教授则认为，媒介融合究其本质是指"现代信息技术推进的信息传播的技术手段、功能结构和形态模式的界限改变及能量交换"③；中国人民大学的喻国明教授认为媒介融合是"指基于数字技术化的不同媒介之间的资源共享，是电视媒体获得市场竞争力的一种有效策略"④。

通过总结我们不难发现，在早期的媒介融合研究中，无论是提出并初步完善这一概念的西方学者，还是将其引入中国语境下的中国学者，大都立足于传播技术和形式的角度进行阐述。在这种基础上，媒介融合的重点更多地落到了媒介上，即利用多种传播工具，借助最新的数字信息技术，实现对新闻、信息等各类媒介内容的多渠道、全方位

---

① 蔡雯.媒介融合前景下的新闻传播变革——试论"融合新闻"及其挑战[J].国际新闻界，2006(5).
② 蔡雯，王学文.角度·视野·轨迹——试析有关"媒介融合"的研究[J].国际新闻界，2009(11).
③ 高钢.迎接媒介融合的时代[J].新闻与写作，2009(7).
④ 喻国明，戴元初.媒介融合情境下的竞争之道——对美国电视的新竞争策略的观察与分析[J].新闻与写作，2008(2).

的传播。它与先前单一形式的传播最主要的区别仍然是前文中普尔指出的两种新的传播形式,即将文字、图片、音视频等内容整合制作成多种或同一种文本向受众进行信息传播。

近几年,国内关于媒介融合的研究主要集中在以下几方面:其一,对媒介融合这一概念的界定,当前学界对此仍未成定论。有学者指出媒介融合实际上就是以传播介质为基础的不同媒体形态的融汇。① 也有学者认为应该从宏观的视角去观照"媒介融合"这一概念,如黄旦、李暄认为媒介融合实际上是社会形态的融合,这种融合过程建立在数字技术的基础之上,将不同的媒体重新融合成一个整体,进而构建出一个全新的"网络社会",媒体充当着这个新型社会的一个关键节点。② 其二,对媒介融合模式和过程的研究。如彭兰在其文章《"圈地运动"—"产品革命"—"支点设置":媒介融合三部曲解析》中指出,中国媒体自 2009 年开始的跨媒体业务拓展反映了中国媒体对媒介融合这一方向的共识,然而这只是媒介融合时代的第一阶段,下一阶段则应致力于重新构建媒体与受众的关系,以实现媒体产业的快速增长,谋求更加广阔的市场空间。再下一阶段,媒体从业者应该关注移动终端技术对社会的能动作用,关注如何选取与利用移动终端技术,并以此来寻求媒介融合大潮中新的产业支点。③ 其三,对媒介融合规制和政策的研究。这一领域的代表学者有肖赞军、肖叶飞、黄玉波等,他们对西方国家和我国的媒介融合规制进行分析,从政策、制度的角度探讨了我国媒介融合所面临的问题。其四,关于媒介融合现状与问题的研究。如蔡雯在《媒体融合:面对国家战略布局的机遇及问题》一文中

---

①② 黄旦,李暄. 从业态转向社会形态:媒介融合再理解[J]. 现代传播,2016(1).
③ 彭兰."圈地运动"—"产品革命"—"支点设置":媒介融合三部曲解析[J]. 新闻与写作,2010(2).

认为,传统媒体虽早已开始了媒介融合的尝试,但一直未能从根本上扭转自身影响力逐渐式微的趋势,其症结主要有观念亟待转变、规制建设有待改变和完善、体制与机制改革需要进一步深化、媒体经营与新闻内容生产关系的处理、新闻传播人才培养与新闻从业者素质能力的提升等。① 其五,媒介融合所带来的问题。虽然多数学者和业界作者对媒介融合的前景表示乐观,但也有学者对媒介融合的社会效应、对新闻业的负面影响等进行了理性的反思。

2.更广泛意义上的媒介融合

我们可以看到,从传播技术和形式的角度而言,现代的诸多学者已经提出了媒介融合的种种概念并相应地在不同领域中加以完善。然而将之置于长久的媒介技术发展史之中后,我们可以更清楚地认识到媒介融合不仅是伴随着数字技术诞生的新概念,更是媒介发展的必然选择。如同广播之于报纸,电视之于前两者,任何一项新媒介的诞生都会与原有的旧媒介产生矛盾和冲突,而这种矛盾和冲突很多时候并不会以你死我活作为终结,而是在这种新旧媒介的对抗过程之中,实现了媒介之间的相互学习、借鉴,其后的资本力量也得以整合,媒介得以根据自己的特点选择更为适合的市场,不同的媒介也实现了在各个层面上的合作和补充。

广播的出现使得大众传播事业当中首次出现两种媒介形态并存的状态,这也打破了 19 世纪末以来大众传播时代的"大众报纸"在大众传播领域的垄断。在西方,报纸的出现曾使得新闻媒体的产业化成为可能,报纸得以摆脱政党津贴转而成为自由出版、运营的一种社会公器,社会各界人士借助报纸实现充分的言论表达自由,媒体也因报

---

① 蔡雯.媒体融合:面对国家战略布局的机遇及问题[J].当代传播,2014(6).

纸的广泛传阅开始作为"第四种权力"承担起舆论监督的作用。① 广播的出现消解了报纸的垄断地位,它第一次在大众传播领域利用人们的听觉进行传播,因此具有很强的现场感和感染力。除此之外,广播在时效性和伴随性上也优于当时的报纸。

但随着时间的推移,人们开始认识到广播媒介亦存在种种不足。比如,其传播内容的保存性较弱,它无法像报纸那样记述复杂的议题,亦无法像报纸那样可被随意折叠以便于携带。在这种形势下,广播和报纸各自获得了市场,明晰了自己的优势。报纸开始专注于记录事实和刊载深入报道,广播则专注于在原本对报纸的挤压之外拓宽自己的市场增量。同时,双方也互相学习、互相促进。1920年,世界上第一家广播电台KDKA播送的第一条新闻来自当地的《邮报》。② 可见,广播和报纸已经在各个层面上展开了合作和补充。

随后诞生的电视使得类似的融合现象再度出现。当时,作为新兴媒介出现的电视具备强大的威力,它可将文字、声音、图像自由组合以达到最佳的表现效果。电视出现伊始,其几乎具备了当时存在的各类媒介形式的全部优点,这也帮助其在二战之后迅速进入人们的日常生活之中。一时之间,人们不再从其他任何渠道获取娱乐和消遣,电视成为家庭生活的中心,人们常常整日坐在家里,花上好几个小时观看电视。随着电视新闻崭露头角,1963年,美国通过电视了解新闻的人数第一次超过了报纸,这标志着电视新闻时代的真正来临。鉴于强大的竞争情况,报纸和广播的生存空间被空前地压缩,电视成为人们最主要的娱乐和获取新闻的渠道。③

---

① 陈力丹."第四权力"[J].新闻传播,2003(3).
② 陈卫平.中外广播电视简史[M].上海:上海外语教育出版社,2006:28-29.
③ 杨溟.媒介融合导论[M].北京:北京大学出版社,2013:20.

但是与之前类似的情况再度出现。三种媒介之间在竞争的同时，也开始相互补充和借鉴，并最终找到了各自独特的优势，形成了鼎足而立的局面。在这个过程中，广播放弃了一部分受电视挤压严重的节目形式，转而调整节目形态和内容，将目光投向音乐频率，以古典音乐、乡村音乐另辟蹊径，最终通过这种更加适宜收听的内容发挥了自身的特色。同时，广播充分发挥伴随性的优势，获得了汽车驾乘人员这个受众群体人数不断增加且消费能力较强的特殊市场。而报纸同样通过转型找准了自己的定位，其利用文字本身的特性，转向开发独家报道、深度报道，并在此基础上进一步发展了新闻评述和解释。这种建立在读者冷静严肃思考上的发展道路，正是基于报纸独有的优势。在这方面，电视媒介能提供的平易、逼真的现场感反而沦为劣势。

由此可见，媒介之间并非只是简单的相互取代的关系，而是相互补充和借鉴，从而形成早期的媒介融合现象。任何一种新形式的媒介绝不会以摧毁以往旧媒介为代价出现，也就是说，媒介发展史中，并不存在不同媒介之间的斗争所导致的消亡。相反，在这种彼此竞争、渗透和适应中，各个媒介形式之间往往能够形成一种新的格局，帮助它们各自实现进步。

综上所述，早在媒介融合的概念被提出之前，其初级形态就已经悄然孕育并且逐渐成长起来。只不过在互联网出现之前的这段时间里，这种融合往往体现为在竞争的基础上展开合作。显然，这段时间内媒介间的竞争、合作，只能被看作是媒介融合最初的尝试，因为此时在各个不同形式的媒介之间依旧存在着鲜明的区隔。但毫无疑义的是，随着互联网新媒介的出现，媒介融合将呈现出更加复杂的形态。

二、媒介融合理论的探索和发展

1. 技术进步的推动

技术进步对经济增长、社会发展的作用一直是学界关注的热点，一般来讲，促进生产效率提高的因素都可能是构成技术进步的因素，这其中往往包括了技术的改进、技术效率的提高、投入要素质量的提高、资源分配效率的提高等多方面因素。论及传媒产业，技术的发展被视为传播媒介乃至整个传媒产业不断向前演进的重要动力，尤其是在数字传播技术出现之后，各种依托互联网技术的新媒介形式不断出现，过去不同传播媒介之间的界限被打破。而电子计算机技术凭借其强大的承载力和适应力，已成为处理所有媒介形式的现象级的技术，因此，传播技术的进化和随之而来的新旧媒介之间的关系问题自然成了研究的热点。

在研究近代传播技术发展对传播媒介的推动之前，简单梳理一下传播技术的发展历程显得尤为重要。阿尔温·托夫勒（Alvin Toffler）曾经从经济发展的角度将人类社会划分为三个阶段：第一次浪潮为农业阶段，其后为工业阶段，第三阶段为信息化（或者服务业）阶段。[1] 如今，我们正无比真实地体验着托夫勒预言中的信息化浪潮社会。现代人类正经历着频繁变迁所堆叠的冲击，显而易见，这必将为整个社会带来冲突和压力，但同时也意味新生和转机。而人类传播活动的发展也正如托夫勒所列举的三次浪潮一样，出现了三次历史性的变革。倘若我们将传播活动所受的限制从行动范围和视觉范围中解放出来，即

---

[1] 托夫勒.第三次浪潮[M].北京：新华出版社，1996：4.

将实现了超越原有旅行和视距的扩展看作人类第一次传播革命,将传播活动从零星的个人活动走向规模化、社会中出现大众传播的形式并在此基础上迅速发展看作人类传播发展的第二次革命,便可看到其背后的推动力量其实是交通技术和工业革命。前者使人类摆脱了身体机能的束缚,让更广泛的社会交流成为可能,后者则引入了大规模机械劳动代替手工劳动,极大地发展了生产力。诚然,两次工业时代的技术革命的确使得人类传播事业飞速发展,但比起第三次传播革命,即当下如火如荼进行中的以数字技术革命为推动力的互联网传播革命,前两次技术革命的深度和广度就处于下风了。甚至,日新月异都不足以形容传播技术在进入 20 世纪之后发展和进化的迅捷程度,而这自然也促进了传播媒介的迅猛发展。尤其是 20 世纪后半叶以来,在工业革命导致信息传播发生巨大变化的百余年之后,包括以数字技术为内核的新的传播技术引发了媒介行业又一场新的传播革命。这种以互联网为代表的新媒体革命曾频繁地出现在尼葛洛庞帝、托夫勒等未来学家的预言中,诞生之后也引起了学界和业界的普遍关注和讨论。

而在这些关于新媒介的产生和发展对既有媒介影响的预测,以及对新媒介的发展方式和技术进步的方向的预言之中,加拿大传播学者马歇尔·麦克卢汉(Marshall McLuhan)的研究无疑是最早的探索。他将人们研究传播活动的目光聚焦到了媒介本身,在他的影响下,学者们开始关注媒介技术革新给传播带来的各种影响。麦克卢汉对于媒介技术的理解比较宽泛,在《理解媒介:论人的延伸》论著中,他提出了"道路和纸路"等 26 种"泛媒介"。[①] 其说法和托夫勒对交通和工业

---

① 麦克卢汉.理解媒介:论人的延伸[M].何道宽,译.北京:商务印书馆,2000:127-144.

引领的两次浪潮具有某种程度的默契,也体现了麦克卢汉"泛媒介论"的特点。广泛意义上的媒介是指对人、物、信息等进行传播的介质性工具,而假如我们根据麦克卢汉的观点来重新观察媒介——他说"媒介是人的延伸",认为媒介是对人体不同器官机能的发展——那么任意一种技术,只要它是对人体器官机能的发展,只要它可以延伸人的思维、能力等,它就能被视为媒介。媒介的这种延伸,本质上就是对人的"器官、感官或曰功能的强化和放大"[①]。国内外不同学者虽对于传播技术的理解千差万别,但一般比较认可将一切促进人类交流的技术都视为广义的传播技术。在传播学领域,经常会出现传播科学和传播技术混用的情况,但值得注意的是,技术的词源意义虽然和科学有着紧密的联系,但通常技术专指能够被应用的实际的生产生活当中的科学。显然,技术更为实用化,因而传播技术被视为传播学研究的主要对象。

　　长久以来,传播技术的发展推动着传播媒介的演进。时至今日,人类主流媒体技术的发展历经如下阶段:口语媒介、文字符号媒介、印刷媒介、电子媒介和网络技术媒介。在网络技术媒介阶段,也就是我们现处的阶段里,诞生了媒介融合的概念。佐治亚大学教授约瑟夫·R.多米尼克(Joseph R. Dominick)曾用媒介时间轴描述了媒介技术发展的速度关系。在人类历史中,从语言发展到文字经历了几十个世纪,而从文字前行直至印刷媒介又经历了近五千年的时间;但随后,在短短几百年间,电报、电话等电子媒介接连涌现,紧接着又出现了摄影等影像技术;无线电广播也在20世纪20年代获得了极大的发展,紧跟着20世纪30年代,电视的出现彻底改变了人类的生活;而自20世纪

---

① 麦克卢汉,等.麦克卢汉精粹[M].何道宽,译.南京:南京大学出版社,2000:277.

末21世纪初以来,伴随着个人电脑的出现,我们见证着以互联网为代表的新媒体的迅速增值,它们被广泛地运用于政府管理、科学研究、公共教育、社会活动和商业领域等人类社会的方方面面。"事实上,1900年出生并活了100年的人将经历三座里程碑:电影、广播、电视以及电脑。传播上的每一项进步都增加了我们传送和记录信息的能力,并且每一项都在促进我们的文化与社会的重大变化方面起了作用。"[1]

通过在时间维度上对人类数万年历史中所使用的媒介技术的发展脉络的梳理,我们不难看出传播技术与媒介发展的关系,即媒介融合在很大程度上依赖于技术支撑,也就是说,媒介融合的基础实际上就应该是媒介技术的融合。显而易见,传播技术已经并将持续地影响着媒介发展的进程,一方面,新的技术推动新媒介的产生和发展;另一方面,旧媒介也并没有完全被置于脑后,反而通过与新媒介在原有的格局上的互动和叠加,实现了旧媒介在新的社会环境下的重生。

从技术角度来看,以下关于新旧媒介之间关系的观点已经在学界业界被广泛认可:

(1)媒介技术的发展是一个叠加渐进的过程,而不是否定前者的过程;

(2)媒介技术的发展是新老技术相结合的融合过程;

(3)传播媒介发展也体现出了新老媒介之间相互交融的趋势;

(4)传播媒介的内容、服务和运营也体现出了相互交融的特点;

(5)未来的传播媒介将是各种传播网络的汇聚体。[2]

目前,数字传播技术的飞速发展成为推动传播技术不断进步的重

---

[1] DOMINICK J. The dynamics of communication:media in the digital age[M]. 北京:中国人民大学出版社,2003.
[2] 鲍立泉.技术视野下媒介融合的历史与未来[M].武汉:华中科技大学出版社,2013:17.

要推动力。在新媒体时代,电子计算机技术和互联网技术的充分运用,使得数字传播技术得以突破传统媒介的传输方式和终端方式。这种新的传播方式无疑极大地转变了人们的思维方式,它也使得原有的媒介之间清晰的界限逐渐消融,全社会的媒介融合也随之到来。

要了解数字传播技术,首先要明确数字技术的概念。数字技术即利用二进制的数字编码手段通过计算机、光缆、卫星等设备来存储、传输、处理信息的技术。原本的信息载体,如文字、声音、图像等,都存在着共同的问题,集中体现在信息量不足和难以互动这两个方面。而利用数字技术之后,这两个问题迎刃而解:任何信息都通过二进制中通用的 0 和 1 两个数字来表达,而到了终端,用户又可以通过解码将机器语言转换回信息的本来面貌。因此,数字传播技术可以等同于数字媒体技术。而我们通常所使用的数字媒体技术的含义,包含了表示、记录、处理、存储、传输、显示、管理在内的数字媒体技术的各个环节。因此,数字媒体技术也可以相应地被称作在这些环节中一一对应的技术分支。

网络媒介是最先被认可的新媒介,也是到目前为止覆盖范围最广、被接受程度最高的新媒介。在新媒介发展的路径上,我们可以把数字网络技术的产生看作新媒介发展的真正起点。人们广泛接受并且积极使用网络媒介的基础包含几项关键技术的普及,例如通信网络技术、个人计算机技术、网络文件服务存储系统,等等。关于网络传播的研究开始得相对较早,受互联网巨大的社会影响力和技术推动力的影响,已经有众多学界和业界的研究人员投入互联网传播的研究之中。在此前提下,已经达成初步共识的研究成果便是网络传播的形式普遍具备作为其技术基础的互联网技术的基本特征,也就是强调互动性,推崇去中心化的传播。继而,网络传播技术实际上突破了传统媒体传播在渠道上的单向性,使交互式传播的现象出现,传受双方的地位因此而更为平等。受众得以摆脱消极等待信息、接受信息的被动地位,拥有了更大的选择权和主动性,甚至可以在传统媒体的"推"送信息之余,尝试主动"拉"取信息。

依托技术而存在的新媒介如今发展情况良好,而且无论是传统电脑、平板电脑还是手机,任何一个新媒介在当今的时代都不是孤立存在的。它们在技术基础上的数字同根性使新媒介群之间保持着紧密的联系,也就是说,新媒介在其表现形态上呈现多样性、共通性和融合性,概因支撑其发展的技术出自同源。

而通过对历史上媒介发展历程的观察我们也不难得出,新媒介和旧媒介之间其实也是一种共存关系,这种共存是来自于媒介技术自身的连续发展和进步。在整个媒介技术的发展历程中,并不存在长久的中断或者彻底的重建,每一次新旧媒介之争实际上都是新媒介技术体系不断渗透旧媒介技术体系的过程。也就是说,旧媒介往往得以保留部分仍然适用的原有技术特征,同时将与新媒介具备共通性的技术提升到新媒介水平,以达到融入新媒介的新特征、新功能的目的。比如,传统媒介引入数字传播技术,实现传统媒介数字化。事实上,纵然传统媒介之间存在比较明显的技术差异,彼此的关联性在其存在的时代显得并不是很强,它们一旦进入数字传播技术迅速发展的时代,不同媒介之间技术界限的溶解甚至消失已经成为必然。这也为新旧媒介之间的渗透和融合提供了有力的技术保障。

2. 媒介产业的演进

尽管新旧媒介之前的渗透和融合一直存在,但是两者之间的变动仍然在悄然解构着传统媒介的生态结构。伴随着互联网、手机等新媒介的勃兴,报纸、广播、电视等传统媒介生存的范围正在被不断侵占。

而无论对于新媒介的界定是什么,即无论将新媒介定义为在21世纪产生的、不同于报纸、广播、电视等传统媒介的媒介形态,如互联网、智能手机、数字电视等;还是从更广泛的意义上说,将其定义为利用新的传播技术,通过全新的传播渠道,依托全新的终端为用户提供讯息的传播形态,新媒介都正在深刻地影响着整个传媒产业的构造和社会的形态。

从受众增长的速度来看,"无线电广播花费了38年的时间达到5 000万用户,电视虽然大大缩短了时间间隔,但达到相同水平仍然花费了13年。而达到相同的用户数量,互联网仅仅用了4年"[1]。即便考虑到全球人口和经济的增长,这仍然是一个惊人的效率。2016年年末的第三届世界互联网大会上,组委会高级别专家咨询委员会发布了《2016年世界互联网发展乌镇报告》,报告显示,至2016年年底,全球网民数量已经达到35亿人,互联网普及率达到47.1%。[2] 在我国,以移动互联网为例,根据独立第三方数据服务提供商Talking Data发布的《2016年移动互联网行业发展报告》,截至2016年12月,我国移动智能终端规模已经突破13.7亿台。网络,无论以何种终端接入,都已经成为人们获取信息、联系世界的主要媒介。

互联网能够如此高速地进入人们的生活,是和当今竞争激烈、节奏飞快的社会现实分不开的。现代社会中,大众往往无法获得大量完整的闲暇时间;同时,由于娱乐消遣形式多种多样,单一的媒介形式早已不能同受众日渐多元的信息、娱乐需求相匹配。正因如此,新媒体的发展适逢其时,因为更具包容性、互动性、即时性、超链接性以及开放性等特征,新媒体很快赢得了大量受众——它不仅迎合受众,适应

---

[1] 郑超然,程曼丽,王泰玄.外国新闻传播史[M].北京:中国人民大学出版社,2000:47.
[2] 2016年世界互联网发展乌镇报告(摘要)[J].中国经济周刊,2016(45).

受众新的生活方式，而且更形塑了受众新的信息获取习惯。以历史最为久远的阅读为例，新媒体的阅读载体相较传统媒体有了很大的变化，除了纸质化的载体以外，计算机、手机，甚至专门的电子书阅读终端等数字化设备纷纷涌现，彻底革新了阅读形式；并且，受众的阅读习惯也随之产生了变化，从精细阅读变为快速略读，即从"深阅读"演变为"浅阅读"。这种碎片化阅读的模式带来的开放性、多样性、娱乐性等趋势日趋明显，不免有人担忧阅读已从作者字斟句酌、读者孜孜以求的行为，变为如今作者不求甚解、读者浮光掠影的另类体验。虽然这种出于旧媒体逐渐走向没落的担忧在一定程度上有些悲观和消极，但它在某种程度上也反映了人们越来越依赖于新媒体传播方式的社会现实。互联网不仅改变了人们的信息传播格局，还改造了人们整个生活生产方式，而在改造中被抛下的旧媒体，无疑受到了致命的一击。

在来势汹汹的网络媒体面前，旧媒体感受到了深刻的威胁。纸媒读者、广播电视的受众正逐渐改变之前的信息获取习惯，成为网络媒体的受众，这对于依靠售卖受众注意力获取广告费的传统媒体而言冲击是非常大的。民调机构皮尤（Pew Research）发布的《2016新闻媒体现状》显示，2015年的报纸销量仍然呈现下滑状态，纸质报刊的衰退幅度达到9%。早在美国建国之初，由富兰克林主持建立的邮政传输系统和往来奔走于其上的报纸已经在13个殖民地之间承担着信息传递的责任。20世纪60年代，五分之四的美国人有每天阅读报纸的习惯，而现在这个比例已下降为二分之一。

同样，在广告市场上，网络媒体的飞速扩张也得到了鲜明的体现。艾瑞咨询发布的2015年度中国网络广告核心数据显示，2015年，中国网络广告市场规模达到2 093.7亿元，同比增长36%，未来几年的增速将趋于平稳。①而在随后的2016年第二季度,中国网络广告的季度市场规模已经达到671.6亿元,环比增长率为27.2%,与去年同期相比增长34.5%,仍保持较快的增长水平。广告一向是传统媒体的主要资金来源,若依此形势发展,传统媒体面临的挑战将更为严峻。

因此,通过转变思想、改造实践以积极推动媒介产业的发展已经成为众多媒介领域从业者试图适应乃至利用媒介融合这一潮流的选择。纵观全球媒介市场,媒介产业化和媒介集团化的发展形态日益成熟。我们知道,媒介产业的发展很大程度上是被这种媒介产业化和媒介集团化的趋势所推动的,而媒介产业的发展往往又会促使相关的企业和个人将更多的精力投向媒介融合的进程当中,这在一定程度上也促进了媒介融合。

建立在媒介产业上的媒介融合可以划分为四个不同的阶段,它们相互之间虽有重叠,但大体上仍存在先后关系。它们分别是组织融合、资本融合、渠道融合和结构融合。在第一阶段,融合主要依靠外部行政政策或者其他方面的力量,多家媒体被整合成一个媒体,这也是媒体集团化常见的表现形式。第二阶段往往被称作资本融合阶段,其驱动力由政治力量转向商业力量,表现为在资本市场上有实力的媒介组织主动对其他媒介组织进行并购,有时也体现为两家公司通过资本运作实现合并。资本融合阶段的这两种融合方式相比政策外部施加强制力的融合方式来说,更强调了媒介产业自身在市场融合中的运营策略和行为选择,这也体现在各个媒介集团生产的媒介产品之间相互嵌入多元组合。这种涉及层次更深、覆盖面积更广的融合涵盖了整个媒介行业的信息采编、发布等各个环节。而在第三阶段,媒介之间已

---

① 艾瑞咨询.2016年中国网络广告行业年度监测报告[R/OL].(2016-10-16)[2017-08-02]. http://www.docin.com/P-1758549994.html.

经开始进行传播手段的融合。以 BBC 如今搭建的多平台(multi-platform)架构为例，整个大型的媒介集团内不同媒介的传播手段在一个大平台上进行整合，让这些媒介之间的内容实现资源共享，广播电视、移动互联网全部用一套班子，由多媒体编辑统筹策划，将全媒体记者采回的材料和新闻用于集团旗下的各个媒体之中。而在整个媒介融合的最高形态，也就是人们所推论的与今天的媒介形态迥然不同的最终阶段，真正的融合媒介将实现对媒介产业的全面覆盖。

由此可见，整个媒介产业最终实现融合不过是在媒介发展到一定阶段时必然会采用的一个重要战略。因此我们可以看到，如前文所述，当下，传播技术不断演进，整个媒介产业热衷于追逐经济效益和打造竞争力，新旧媒介都试图朝着集约化的方向发展，媒介生态环境因此持续变化。为了更好地应对新媒介带来的强烈冲击和生存压力，传统媒介只得转变思维，在理论和实践层面不断探索，力求培养自身的媒介融合思维，以应对媒介融合的时代潮流。一些经济实力强大的媒介机构开始大力兼并和收购一些分散的机构，逐渐成为媒介巨头。由于政府角色和资本驱动的关系，这种媒介集团化的现象在欧美比较常见。这实质上是资本实力雄厚的大的媒介集团通过在全球范围内兼并和收购媒体来垄断信息传播渠道，其目的在于推动全球化战略目标。我国媒介集团化的探索则大致从 20 世纪 80 年代开始。[①]

在我国，新闻媒介被视为党的"耳目喉舌"，新闻并非一个产业。鉴于相关政策和法规，不同媒介之间壁垒森严，难以相互融入。但自改革开放以来，中国的文化产业逐渐铺开发展，传媒领域也发生了相应的变化。1992 年 6 月，中共中央国务院发布了《关于加快发展第三

---

① 邵娜.中西媒介集团化比较研究[D].南京:南京师范大学,2006.

产业的决定》，这被视为新闻传播在我国获得正式产业地位的标志，因为自该年度起，中国的传媒产业开始在政策的规制和引导下有计划地逐渐发展起来，这也开启了我国传媒改革的序幕。而1996年广州日报报业集团的挂牌成立同样也是一个标志性的事件，因为这是我国首个报业集团。三年之后的夏天，我国首个广电集团——无锡广播影视剧集团成立。这些标志性事件呈现出我国媒介开始朝着产业化、集团化方向发展的趋势。其后，中共中央多次发文号召媒体走产业化发展道路。1999年8月发布的《中共中央办公厅　国务院办公厅关于调整中央国家机关和省、自治区、直辖市厅局报刊结构的通知》（中办发〔1999〕30号）明确指出了未来我国报刊行业逐渐走向政报分离的基本趋势，各个报刊必须转换思路，独立经营业务，自负盈亏。也是在这一年，《关于加强广播电视有线网络建设管理的意见的通知》（国办发〔1999〕82号）发布，它和2001年由国家广电总局、中央宣传部和新闻出版总署联合发布的《关于深化新闻出版广播影视业改革的若干意见》（中办发〔2001〕17号）一起，明确了组建跨越地域、媒体的大型传媒集团将成为下一步我国媒体发展的目标和方向。其中，"17号文件"更加明晰地提出了传媒集团化改革和投资融资体制改变的方针，这使得境外资本进入中国媒体行业具有了可能，并使媒体行业向产业化和集团化发展的转变具有了基础。至此，中国传媒集团化改革的序幕正式拉开。[1]

2003年，中共中央宣传部、文化部、国家广播电影电视总局、新闻出版总署联合发布《关于文化体制改革试点工作的意见》（中办发〔2003〕21号），进一步确定了媒介产业的区分标准，以各自资源、属性

---

[1] 许逸.媒介融合背景下的传媒集团化研究[D].安徽:安徽师范大学,2011.

为分类标准,媒介产业被划分为公益性事业和经营性产业。2005年,中共中央国务院通过《中共中央 国务院关于深化文化体制改革的若干意见》(中发〔2005〕14号)进一步对媒介产业做了区分并进行了分类指导,提出在对公益性事业的发展方面应增加资金投入,使其更具传播力;而对于经营性产业,则应将注意力放到体制创新上,使得相关产业的实力可以迅速壮大。

2009年春,国家新闻出版总署出台《关于进一步推进新闻出版体制改革的指导意见》,其目标在于破除现行的新闻出版体制下的条块分割的现象,试图解决地区分割、媒体分割和产业分割的现象,鼓励不同地域、产业之间合作创建媒体集团,以进一步加快媒介产业结构调整的步伐,促使产业结构加速转型。

近年来,随着技术的发展,新兴媒体的传播优势凸显,传统媒体转变思路与新兴媒体进行融合成为必然,"如何融合"这个问题摆在相关主管部门和媒体从业者面前。2016年4月,时任中宣部部长刘奇葆在《人民日报》上发表了题为《加快推动传统媒体和新兴媒体融合发展》的文章;8月18日,由习近平总书记担任组长的中央全面深化改革领导小组第四次会议审议通过了《关于推动传统媒体和新兴媒体融合发展的指导意见》,这正是贯彻落实党的十八届三中全会提出的"要整合新闻媒体资源,推动传统媒体和新兴媒体融合发展"的重要举措。

技术领域的进步将消除传统媒体走向融合的技术壁垒,而当国家的政策转向相关领域甚至对相关领域有所倾斜的时候,最后的政策壁垒也往往会被消除。原本不同的媒体因其产品定位的不同而具备不可替代性,但如今却不得不投入市场当中去进行激烈的竞争以谋求生存。产业之间的条块分割状态自此被彻底打破,传媒领域之内的竞争日趋白热化,通过合并、收购、入股和合作等形式与其他企业进行融合,成为企业谋求自身发展、履行社会义务的必然选择。媒介集团的经营战略自然转为由电视、手机和计算机等开启的全媒体时代的多元化经营战略,同时媒介集团自身的整合也达到了顶峰。这种产业化、集团化的趋势是相关从业者和业内资本在市场机制的推动下,自发寻求商业同盟,追求最大化利益的选择。一方面,规模经济的效应可以帮助媒介集团规避金融风险;另一方面,资源的集中可以使企业集中人力物力投向具备开发潜力的新领域,以谋求在媒介融合的大环境中继续扬帆远航。因而,对于整个媒介产业而言,媒介融合不仅是其未来发展的目的地,也是企业自由选择的发展道路。在媒介融合的环境下,整个媒介产业也能够发展到前所未有的新高度。

3. 受众需求的变化

在媒介产业的部分,我们曾简单提到了受众和媒介产业之间的相互影响。显然,在媒介融合的新时代,受众的定义已经有些不合时宜了。

"受众"(audience)一词在《新闻学大辞典》中的解释是指传播过程中信息的接受者,是读者、听众、观众的统称。"受众"二字,无疑是一种处于信息被动接受位置的弱势群体的象征,因为我们不得不承认,在传统媒体时代,处在单向传播的终端地位的受众确实有其被动性。但是在新媒体时代,受众的地位和功能都发生了巨大的变化,这不仅体现在其选择媒体内容的主观能动性更加凸显,更体现在当下其已经可以利用新媒体打破信息的单向流通形式,加强自身与传播者的沟通,有时甚至可以充当传播者。因而,在当前媒介融合创新的语境下,再以旧媒体时代的传播研究视野中对受众的局限性定义去考量新媒体的用户,未免显得过于陈旧,其研究对象早已无法囊括新媒体时代中伴随着新的媒介技术和相应的媒介终端而出现的新的受众类型,比如使用个人电脑的网民和利用手机等电子产品登录移动互联网的用户,等等。而目前很多媒体从业者对于受众的认识,仍然停留在传统媒体的时代。在那个时期的经典理论中,受众被视为"乌合之众",是一击即中的"靶子",具有多、杂、散、匿等特征:多,指的是大众传播受众数量巨大,一家有影响力的媒体在社会上的受众要以几十万、几百万乃至上亿来计算;而杂,讨论的是受众群体的构成,因为巨大的媒介受众群体往往是由不同年龄、性别、种族、职业、文化水平、经济收入和居住地区的社会成员构成的,其涉及人群的广泛性和多样性充分体现了"复杂"这一特点;散,是指受众分布在社会各处,他们来自不同的行业,往往互不相识、互不联系,因此受众是无组织的群体;最后,"匿"指的是大众传播的受众相对于传播渠道另一端的传播者而言,其状态往往是隐匿的、不可见的。但这并不意味着传播者对于自己的受众一无所知,因为传播者可以很容易地了解到自己的媒介产品的受众的总体特征,但是却几乎无法了解每一名受众的具体情况,这也就是"匿"的体现。

可惜的是,在受众的身份和需求变化的同时,相关领域的受众研究却鲜有新的理论和学说支持。学者康彬指出,现在许多研究者在分析受众时仍在运用使用与满足理论这个产生于 20 世纪 70 年代的研究理论。另一个比较常用的观展表演范式也是在 20 世纪 90 年代末提出的。可见近十几年来,在这个媒体技术发展最为迅速的时期,技术上的发展带来了受众观念和媒介使用情况的变化,但却没有一些重要的学说被提出。[①]

受众已经走向更为多元化的道路。这一方面体现在受众进一步

---

① 康彬.新媒体时代的受众研究——由麦奎尔的《受众分析》谈起[J].新闻知识,2011(1).

的分化上,受众更加倾向于选择个性化的内容,而非被动地接受信息;另一方面,互联网技术的发展使得用户自主创造内容、传播内容的门槛进一步下降,传统的传受关系已经极为模糊,任何一个人都可能是信息的接受者,也可能是信息的传播者,新的传播形式是点对点的传播,而新的受众已经转变成新媒体时代的产消者。

进入全媒体的时代,受众分化的现象实质上是媒体传播的多样性与受众差异化信息需求之间的双向互动与满足。新媒体时代的传播为人们的信息需求提供了多种选择渠道,全媒体的出现使得人们获取信息的手段和方式变得多种多样,人们不必像原来一样,只从单一的媒体来源获取信息,而是能够根据自己的工作生活或者娱乐消遣的需要自由地进行媒介选择。而从另一个角度来看,随着现代社会走向人们交流更加频繁,人与人之间更加包容、更为文明的阶段,在不同文化背景和行为习惯的人们的交流中,其各自的价值观念、行为方式等已经呈现出多样化的特点。在这个过程当中,对信息的需求自然也产生了千差万别的特点。这种受众的分化,或者说个性化,实际上就是尼葛洛庞帝所说的,在数字化生存的前提下,我就是"我",而不再是人口统计学中的一个"子集"。

对于受众的个性化的满足,尼葛洛庞帝曾经做过联想:"假如有家报业公司愿意让所有采编人员都按照你的吩咐来编一份报纸,又会是什么情景呢?这份报纸将综合要闻和一些'不那么重要'的消息,这些消息可能和你认识的人或你明天要见的人有关,或是关于你即将要去和刚刚离开的地方,也可能报道你熟悉的公司……你可以称它为《我的日报》。"①

---

① 尼葛洛庞帝.数字化生存[M].海南:海南出版社,1997:182.

显然，在 20 年前媒体内容资源有限的时候，受众或许难以选择符合自己喜好的媒介内容，这种情况下万千民众共同观看一个电视节目是很常见的，如 20 世纪 90 年代的电视剧《渴望》和同时期央视的春节联欢晚会等都引来了全国民众一起收看的热潮。[1] 但是这并非代表这种同质性强的节目就是适应时代和社会发展要求的。在大众之中，不同阶层、职业、性别、年龄和受教育水平的受众应当享有满足其特定需求的节目。而媒介产业规模和领域的发展及媒介产品的多样化，无疑使得受众拥有了在更多选项中进行自由挑选的自主权，这意味着用户得以根据自己对于信息的需求，个性化选择甚至定制专属的媒介内容。在当今的世界，随着人们生活水平的提高和社会文化的日益丰富，人们的消费能力相差悬殊，文化趣味也日渐多元，在这样的背景下，不同群体的人们开始选择和消费不同的媒体产品。例如，电视观众对电视节目多样化的诉求已十分明显，他们不再满足于以往较为单一的节目样式，而更乐于接受紧密贴合自己兴趣的电视节目，这就要求电视台不断推进频道专业化，即从原来的综合频道分化为新闻频道、体育频道、音乐频道和电影频道；而在媒介产业更为发达的西方国家，甚至出现了专门的电视剧和真人秀的频道等。如今，用户已经不再满足于接受信息高度同质化的大众传播内容，转而投向更加适合细化的内容和个性化的信息服务。除了对于全民关注的个别议题，传统媒体在大范围内播放样式统一的节目而取得良好效果的时代已经一去不复返了，新的媒体环境下，受众不断分化，贴合不同用户习惯的"窄播"才是王道。可见，传播技术的发展和受众的社会分化共同导致了受众分散化。在这一新型媒介生态中，没有哪一种媒介可以单独获

---

[1] 段鹏.传播学基础：历史、框架与外延[M].北京：中国传媒大学出版社，2006：203.

取受众的注意力。任何媒介想要争夺到足够维持其生存和发展的注意力,就必须依靠多重媒介。①

在受众发生细分的同时,与传统媒体受众不同,网络时代的媒体受众不仅仅满足于充当接收者和旁观者的角色。相较于 20 世纪处在相同位置的人而言,网络时代的受众拥有更多机会,同时也有更强烈的表达意愿。他们更乐于也更擅长于精确地定位自己对信息的需求,从而在扩大的传播系统为他们提供的海量选择中拣选信息,并且在之后将自己对传播内容的看法整理并进行反馈,他们甚至还可以将自己认为有价值的信息置入传播渠道中进行传播,以至于在新媒介环境的传播系统中,传播者和受众的身份往往是模糊而难以分辨的。由此,学界也将这一现象或者趋势,称作受众向产消者的角色过渡。值得一提的是,产消者的说法也是托夫勒在《第三次浪潮》中提出的概念,他将 Producer(生产者)和 Consumer(消费者)两个词合成了一个词"Prosumer",顾名思义,它强调的不仅是生产者和消费者的角色时下变得模糊的状态,甚至是一个大胆的预言,也就是两者在将来很可能会走向融合。而这个词也被翻译为"产消者""产销者""生产消费者"等。但不论译法如何,其呈现的都是传统的传播主题因为互联网的发展而发生变化的过程,这种现实使得我们所经历的融合时代又在某种角度上增加了生产和消费的融合。也就是说,所谓的"产消",强调的就是利用当今媒介融合时代新鲜的互动手段,充分挖掘传统媒体受众隐藏的价值,激发受众的能动性。用户自此可以以一个更为积极、主动的姿态参与到信息的生产、交流等环节中来。

以目前另一项与产消者相辅相成的概念为切入点,我们探讨一下

---

① 邓建国.媒介融合:受众注意力分化的解决之道[J].新闻记者,2010(9).

平台型媒体是如何在媒介融合的时代和产消者共同发展的。我国学者李嘉卓曾经做了以下总结：

第一，产消者是平台型媒体运转的"造血干细胞"；

第二，产消者可以决定平台型媒体的媒体生态走向；

第三，产消者的行为习惯反映了平台型媒体的传播内涵；

第四，产消者可以帮助平台型媒体形成专有的盈利模式。①

由此可知，受众转向产消者的身份变化，已经成为融合媒体时代媒体自身实现转型的重要推动力量，甚至可以说，由于用户这种自发的变化，相关媒介行业必须做出相应的改变，才能在互联网技术引导下的融合媒体时代找到属于自己的一席之地。

产消者所实施的新的生产方式是一种独特的"大众生产"方式。产消者往往以群体的形式利用互联网共同协作参与生产，因而实施的是"大众生产"，其概念是指把传统上由内部员工或外部承包商所做的工作外包给一个大型的、没有清晰界限的群体去做，强调突破企业的资源专用性边界，跨组织共享信息资源，同时强调网络节点的能动性和创造性，实现平台和节点的有效互联。② 显而易见，任何一个单一的报纸、广播或者电视媒介的传播环节都无法满足产消者这一角色合理参与的要求。

网络媒体的传播可以实现极大的地域跨度、海量的内容存储以及在信息网络的各个节点间互联互通的新的形式。显然，媒介的特性自然也会影响到其伴生的受众群体的特性，处在网络时代的用户群体拥有诸多新鲜的特质。网络媒体技术为人类信息传播带来了变革，也带来了新的信息消费方式，传统媒介到网络媒介的转变实现了从信息的

---

① 李嘉卓. 产消者：融合时代平台型媒体的核心[J]. 青年记者，2015(7).
② 孟韬. 网络社会中"产消者"的兴起与管理创新[J]. 经济社会体制比较，2012(3).

分割式消费向集合式消费模式的转变。与之相应的是,网络时代的受众也呈现出以下总体特征:个体性、社会性、虚拟性、自主性和参与性。[①]但无论采用何种总结和阐释的方式,受众本身需求的不断个性化和多样化是清晰的趋势,参与度和积极性的提高也使得受众更为主动地投入媒体传播当中,而媒介融合恰恰能够以多元的媒介整合能力和海量的信息满足用户的需求。无疑,技术的发展始终是要适应人类的需求的,而媒介产业在未来的发展趋势也必将是顺应人类特性的。但是,处于变化的媒介环境中的受众也正处在尚未定型的变动之中,在这种情况下,发展中的受众及其自身特征,也必然会对媒介融合的走向产生反作用。

第二节 媒介融合理论的前景展望

一、媒介融合的发展与外延

在对媒介融合的前景做出展望之前,很有必要对媒介融合的概念做一下简单的辨析。"媒介融合"这一概念,是随着现代科学技术的发展和媒介生态环境的变迁所产生的,随后,它展现出极强的生命力和潜力,并成为今后全球传媒业发展的重大趋势和重要现实,国内外的学者无不投身到这个世界性的热点课题当中,尝试从各个领域对其做出诠释。而作为我们章节思维的起点,对"媒介融合"这一核心概念做出清晰界定并理解其内涵是极为必要的。然而,尽管对于"媒介融合"

---

① 彭兰.网络传播概论[M].北京:中国人民大学出版社,2012:263-266.

概念及其内涵的研究开展已久,但是至今仍未形成一个世界范围内普遍认可的共识。

前文曾提及,"融合"的说法本身源于自然科学领域,直到20世纪70年代才被引入新闻传播研究领域。尼葛洛庞帝最先开启了媒介融合的研究进程,他以三圆聚合为例,描绘了计算机工业、出版印刷工业和广播电影工业的技术边界趋于重叠的过程,并指出最有发展前途的工业就是三者的交叉之处,而这也将成为发展最快的领域。从尼葛洛庞帝的预言中我们很容易看出,那时他所预言的媒介融合甚至只是站在媒介研究领域之外的一种预测,只不过其中涉及了媒介的内容而已。尽管如此,即便那时的融合理念仍然只是被简单地理解为各种各样的技术形式在某一个领域交汇以消解原有的技术边界、产生新的行业领域,它也给新闻传播学界的众多后继研究者带来了启发。

而在此之后,由伊契尔·索勒·普尔提出的媒介融合的定义更是引导了近二十年的媒介融合的研究方向。虽然这时的媒介融合研究仍然集中在技术层次,但是已经出现了一些研究和报告,将"融合"定义为"产业联盟、技术网络平台和市场等三个角度的融合"。可见在这一时期,人们已经开始用更广阔的视野来认识和界定"媒介融合"。[①]

直至2003年,美国西北大学教授里奇·高登在《融合一词的意义与内涵》一书中总结了融合在传播领域中的六种含义,学界才获得相对初步的共识,即在新技术的环境下,传统的媒介性质之间界限逐渐模糊,这一现象启发了当时的研究者,他们认为媒体间边界的消弭应当是媒介融合这一命题研究的对象。

媒介融合涉及范围之广、变革力度之大、推进速度之快,在整个传

---

① 刘颖悟,汪丽.媒介融合的概念界定与内涵解析[J].传媒,2012(5).

播媒介发展变化的历史中首屈一指,此时如果故步自封,且不谈搞清媒介融合概念的努力是事倍功半的,就单论推动媒介发展进步便已是痴人说梦。就我国学者的研究而言,喻国明教授曾指出,以互联网为代表的媒介融合实际上是创造出一个新的社会空间、运作空间、价值空间的高维媒介,任何试图通过低维的方式去管高维的尝试都是没有用的。[1] 所以,尝试参与、引导,甚至是管理媒介融合,均需正视媒介生态的变化。媒介生态的变化符合互联网时代的逻辑,在这种整合开放、多层次、全方位的姿态中去参与媒介融合,认识到媒介融合本身的包容性和开放性,才能从更多的角度展望媒介融合的发展。

二、对媒介技术发展的展望

无论媒介融合的定义在未来可能发生怎样的变化,传媒业这样一个信息产业归根到底是建立在媒介技术这样一个基石上的。倘若媒介技术能够保持近二十年的发展速度,我们甚至可以乐观地说媒介融合的脚步将永远不会停止。媒介技术的融合进程是直接依赖信息传播技术的进步的,只要信息传播技术进步在可预见的未来中仍然拥有持续进步的空间,其对媒介技术的推动作用就会一直保持下去。

新媒体发展最重要的前提是传播技术的发展。美国著名的传播学者麦奎尔曾提出:"真正的传播革命所要求的,不只是传播媒介的变化或者受众在不同传播媒介间分散的注意力,技术才是一如既往的、最直接的推动力。"[2]传播媒介的演进总是以传播技术的发展为前提的,计算机技术、互联网技术、移动终端技术等均成为促成新媒体发展

---

[1] 喻国明.互联网是一种高维媒介[J].教育传媒研究,2016(1).
[2] 麦奎尔.受众分析[M].刘燕南,李颖,杨振荣等,译.北京:人民大学出版社,2006:156.

的标志性技术。具体而言,媒介技术的融合表现在媒介网络技术的融合和媒介终端技术的融合两方面。

1. 媒介网络技术的融合

媒介网络技术的融合,指的是数字化媒介产品的传输网络由单一的专用网络,转变为复合的、多用途的融合传输网络。

媒介网络技术的融合,最早始于美国。1993年9月,"国家信息基础设施"(National Information Infrastructure,简称NII)计划由时任美国副总统艾伯特·戈尔主持实施。整个项目是其在1991年提出的《高性能计算法案》的产物,当时的戈尔还是美国国会田纳西州的一名参议员。项目旨在建设一个提供交互式服务,硬、软件协同操作的交流网络,包含计算机、数据库以及各类消费电子产品,以满足公共和私人事务对大量信息的需求。1996年,美国进行了电信法改革,而这份《1996年电信法》非常清楚地规定,有线电视运营商及其附属机构可直接从事电信服务,不必申请获取特许权;特许权管理机构不得禁止或限制有线电视运营商及其附属机构提供电信服务,也不得对其服务施加任何条件限制;电信企业可以通过无线通信方式、有线电视系统以及开放的视频系统提供广播电视服务。这一法案"打破了电信业、传媒业与其他产业之间的壁垒,允许它们相互渗透"[1],也彻底打破了美国信息产业混业经营的限制,使得电信网络和广电网络从单一用途的专用网络变成了融合的多用途网络。

这种媒介技术发展的传统也在美国得以延续。当下美国的媒介融合进程与媒介技术的发展关系紧密且互相促进,主流广播电视媒体非常重视新媒体技术的研发和利用,在各自的网站以及Facebook、

---

[1] 展江.《1996年电信法》给美国带来了什么?[J].国际新闻界,1997(4).

Twitter等社交网站上想尽办法使电视新闻更加有竞争力。Google＋是一种新的技术支撑手段。它以信息流、社交圈和视频群聊为特征，帮助媒体实现运营。美国NBC台KOMU电视分台的U-NEWS节目为Google＋技术在媒体中的应用提供了成功的案例。NBC认识到，不仅是如今的用户需要Google＋提供的平台以满足自己了解新闻、发现新闻、传播新闻的愿望，媒体更需要这样一个发现新闻和制作新闻最及时的途径。①

我国也在相应的背景下提出了三网融合的有关构想。"三网融合"中的"三网"是指以电话网代表的传统电信网、以有线电视为代表的广播电视网和以互联网为代表的数字通信网。根据2010年1月21日国务院发布的《国务院关于印发推进三网融合总体方案的通知》(国发〔2010〕5号)的界定，三网融合是指电信网、广播电视网、互联网在向宽带通信网、数字电视网、下一代互联网演进的过程中，通过技术改造使其技术功能趋于一致、业务范围趋于相同，网络互联互通、资源共享，能为用户提供语音、数据和广播电视等多种服务，其前提包含以下四个方面信息传播技术的进步，即数字技术的发展、光通信技术的进步、软件技术的发展和统一的TCP/IP协议的采用。② 可以说，以上这些信息传播的基础技术已经发展到了一定阶段，我国媒介三网融合的技术基础也已经成熟，只不过由于组织结构和政策规制上的问题，正在进行中的三网融合可谓举步维艰。

近几年，伴随着国家再次将三网融合提上改革议程，相关的政策已经开始为技术松绑。2015年夏，国务院办公厅印发了新的《三网融

---

① 宋月静. 美国广电媒介融合分析及启示[J]. 新闻实践，2013(4).
② 郑宇. "三网融合"下广播影视行业应对之策初探——兼对《国务院推进三网融合总体方案》的解读[J]. 视听纵横，2010(2).

合推广方案》,对三网融合推广阶段的工作进行了详细部署,提出了在全国范围内推动广电、电信业务双向进入,加快宽带网络建设改造和统筹规划,强化网络信息安全和文化安全监管,切实推动相关产业发展等方面明确的主要任务要求。①

三网融合是技术的发展方向,因而在老三网融合的基础上,不断推陈出新的新技术也为三网融合增添了很多新的内容。目前,我国的三网融合仍然处于初级阶段,并且仍然在不断发展当中,其动态的变化过程依赖吸纳移动互联网、物联网、云计算、社会化媒体等其他新媒介技术的优点和长处。因此,我们更应该将三网融合看作是一个初始的概念,它只是媒介进化的漫长过程中一个新的革命的起点,远远不是最终的答案。未来,在新三网融合的基础上将会形成一个全新的泛在网络。②

2. 媒介终端技术的融合

在媒介网络技术不断进步的同时,媒介终端技术的融合也为下一步的发展指明了道路。承载媒介内容的媒介终端的融合,表现在利用一种媒介终端的硬件和软件,将多种其他不同终端的功能整合到一起,以实现接收和呈现多种形式的媒介内容。当代社会中,媒介终端技术的融合主要包含计算机(Computer)、通讯(Communication)和消费类电子产品(Consumer Electrics)的融合,而以上"3C"的融合发展直接推动了以智能手机、平板电脑等为代表的新型移动智能互联网终端的发明。

移动互联网智能终端凭借其便携性和多功能性迅速在媒介产业

---

① 国务院办公厅.国务院办公厅关于印发三网融合推广方案的通知[J].中华人民共和国国务院公报,2015(26).
② 彭兰.从老三网融合到新三网融合:新技术推动下三网融合的重定向[J].国际新闻界,2014(12).

中占据了一席之地，特别是 4G 通信技术推广以来，智能手机终端依赖其突破性的快速、稳定、兼容的特点，迅速成为用户获取信息的第一选择，其即时、迅速、全方位的信息服务更是改变了整个媒介产业的格局。根据市场研究公司尼尔森（Nielsen）的调查研究，在美国及欧洲一些国家中，人们使用电脑上网的时间已经低于其利用手机接入移动网络的时间。而部分媒体行业也根据相应的趋势做出改变，《纽约时报》于 2013 年 11 月推出了一档在线视频服务"纽约时报一分钟"（The New York Times Minute），在每天早、中、晚三个时段通过一分钟的时事新闻视频的形式向其用户推送最新的新闻资讯。其向移动化媒体转型的目标极为清晰，这也是众多传统媒体试图在移动互联网时代吸引快速消费的移动受众的尝试之一。

智能手机的生产商也试图通过技术的进步改变传统的手机定位，将其打造成一个拥有流畅操作系统、交互操作体验、全页面浏览显示的媒介终端。苹果公司的 iPhone 无疑是其中的佼佼者，而其开放的官方应用商店，在帮助 iPhone 实现自身功能完善的同时，也见证着智能手机作为新的媒体终端不断触碰新的高点。在 2016 年的苹果全球开发者大会（WWDC）上，苹果公司展示了 App Store 在第一代 iPhone 手机推出后近十年间的发展成果，当时，App Store 中的应用程序总数达到 2 000 万个，累计下载次数已经超过了 1 300 亿。而作为对比，苹果旗下另一款产品 Mac OSX 只拥有大约 30 000 个应用程序，可见苹果 App Store 当中应用程序的数量之惊人。在硬件和软件发展的支撑下，智能手机不再仅仅是一个基本的通讯工具，而是成为最具代表性的融合终端。

然而，就在智能手机、平板电脑等设备迅速攻占全球的时候，又有一批新的媒介形式悄然出现在媒介融合的大潮之中。其中的佼佼者莫过于VR/AR(虚拟现实/增强现实)技术。VR(Virtual Reality,即虚拟现实),是由美国VPL公司创建人贾伦·拉尼尔(Jaron Lanier)在20世纪80年代初提出的,它是一种可以创建和体验虚拟世界的计算机仿真系统。这一系统可以通过电脑运算生成一种模拟环境,是一种多源信息融合的交互式三维动态视景和实体行为的系统仿真,使用户沉浸到该环境中。[1]而VR和AR之间的差别就在于:在VR中你被放在环境里,只能看到它展示给你的环境,比如置身于一个你无法亲身体验的大会堂当中,或在茫茫宇宙中漫步等。而AR则更像是现实和虚拟的融合,把原本在现实世界的一定时间空间范围内很难拥有的体验,通过以计算机为基础的技术模拟仿真后,将虚拟的信息叠加到真实世界,从而被感官所感知。2017年农历新年的支付宝"藏电子红包"的活动可以看作是AR技术的简单应用。

目前,AR技术还没有完全成熟,大部分的使用和购买仍然停留在企业的阶段。作为对比,VR技术的雏形产品已经开始进入人们的生活,在娱乐业和游戏业中发力。2015年10月,《纽约时报》试图将VR技术引入传媒领域,其投资100多万美元研发了自己的VR内容发布平台——NYT VR,并且同时在安卓和苹果两个平台发布。如今,经过两年的发展,NYT VR已经成为《纽约时报》自NYTimes于2008年发布以来下载量最高的App。

VR技术最终将走向何处呢?也许正如马克·扎克伯格(Mark Zuckerberg)所说,儿孙学走路的时候可以通过VR去看,我们跟朋友打球或者郊游的时候可以通过VR去看,甚至在一场橄榄球比赛、演唱会中,也可以一起分享这种社交体验。虽然这种重视社交的观点可

---

[1] 赵金. VR新闻及对媒体融合转型的启示[J]. 青年记者,2016(13).

能带有扎克伯格的个人色彩,但是 VR 无疑带给媒介终端技术的融合一个更加美好的、可以期许的未来。

三、对媒介行业融合的展望

媒介发展是一个长期的过程,尽管最近几年迅速发展的新媒体依靠突破性的技术、革新化的理念和出人意表的内容实现了"抢滩"的壮举,但是广播、电视、报纸等传统媒体所积累的、跨越世纪的、不可比拟的品牌、资源、渠道等优势不会就此消弭于无形。于是,当前的情况便是新旧媒体秉持着各自的优势互相吸引,新媒体尝试不断强化自己的媒介属性,而传统媒体在也尝试应用新媒体的生产方式开发新媒介产品,以维持自己的地位。在此过程中,媒介产业的融合包括组织、生产、产业等各个层次、形态的融合。

首先是媒介企业在部门设置和人员分工上尝试进行的融合,我们一般将其称为组织结构的融合,其目的是为了适应不同媒介终端呈现出的多样化的媒介产品的需求。因此媒介企业内部的各类部门,包括从行政、采编、渠道到以传统媒体和新媒体为分野的业务部门之间,必须形成紧密的联系,保证更为流畅的交流以适应媒介融合的需要。在此过程当中,为了更有效地调动媒介企业内部的各项资源进行媒介生产,融合性的媒介生产部门应运而生。融合后的媒介内容生产部门可以统一地调配企业内部包括人力、财力、信息等在内的各项资源,简化媒介内容生产流程、缩短制作周期,降低生产材料的价格成本和人力成本,从而全方位地降低媒介产品生产成本。

对此,国际上已经有不少成功的案例。以已经有近百年历史的英国广播公司(BBC)为例,作为有代表性的受政府资助但却独立运作的媒体，BBC在国际上享有非常高的知名度和权威性。但是面对互联网影响下的新媒介时代的浪潮，BBC丝毫没有沉湎于过去传统媒体的优势之中，反而最早参与到编辑部的转型浪潮之中。早在2007年11月12日，BBC就已经启用新的多媒体编辑部办公楼，广播新闻、网络新闻和电视新闻这三大部门陆续搬入。自此，电台、网络和电视台这三大机构不复存在，取而代之的是经过整合重组的两大"超级编辑部"——多媒体新闻编辑部和多媒体节目部。BBC新工作地点的安排和形式也成为许多学者关注的重点：编辑部的中心是由两个"U"型工作台组成的中心操作区，在中心区四周是呈放射状分布的不同媒介的工作区。中心区位列的一般为资深编辑，他们是"新闻中枢"的核心，位于中心以便对不同部门、平台和地区的记者进行调度。广播、电视、网络等不同平台的媒体人在同一个空间工作，并围绕在中心区周围随时接受命令。[1] 这种新的编辑部结构有助于实现资源共享、提高工作效率、改善新闻质量、节约生产成本，实现对新闻资源有效的循环利用。经历过组织机构融合后，新闻播报节目《一点新闻》《六点新闻》《十点新闻》和24小时新闻频道共同使用一个制作团队，新闻材料通过制作团队的加工后可以被共享给不同的渠道循环播放。这样的生产方式大大减少了电视节目的制作支出，而且有效减少了内容生产时间。

在组织结构变动的同时，传统的媒体内容的生产方式自然也发生了变化。同样以我们刚才提及的BBC为例，在新闻内容生产的层面上，为了满足新部门对于标准化新闻素材的需求，一个集结了多个平台的专家型记者以及BBC互动电视记者的多媒体新闻采集团队也建立起来。BBC设立了一套统一的采编系统来保证所有新闻素材都以

---

[1] 唐绪军,黄楚新,王丹.互联网思维下全球新闻编辑部转型与趋势[J].新闻与写作,2014(11).

统一的形式进行上传,并且供他人分享。一线记者在现场通过各种设备获得的声音、图像和信息,都被上传到一个资料库之中。而在采集的过程中,不论采编人员身在何处,系统都会自动记录下采集的时间、内容、操作人员等信息以便 BBC 所有记者、编辑可以共享全部内容。这种生产环节中取消原本分设的编辑部,推进采编一体化的路线已经成为许多媒体发展的方向。

接纳受众参与到信息的生产中也成了许多媒介内容生产革新的方式。媒介融合环境下的媒介内容生产不再仅仅是属于记者、编辑的特权,过去单纯接收信息的"受众"依托新的信息传播技术而有了表达和传播自己观点的能力,这是"公民新闻"在新媒介时代的新形式。新媒介技术带来的多样化的互动方式允许用户可以根据自己个人的喜好上传原创内容(UGC)到媒介生产的平台中并成为媒介内容的生产者之一。CNN 的 iReport、ABC 的 iCaught 无一例外都是传统媒体开辟渠道吸收用户贡献内容的案例。

除了各个媒介企业根据自身情况主动做出的尝试之外,媒介产业作为一个更大的整体,也在融合的过程中实现了变革。与技术、生产等更为微观的融合不同,这种媒介产业和规制的融合带来了更多上层建筑的影响,引导带动了媒介和社会的融合。

传统的媒介产业包括从上游的内容生产,到下游的传播渠道,以及作为产业基础的信息传输网络,而这也是过去几个世纪广电机构通常涉足的全部领域。但如今,随着媒介生态环境的变迁、技术的发展和三网融合的推进,传媒产业在媒介融合的过程中,形成了一种媒介融合语境下的"综合传媒产业"。

媒介产业的融合一般包括横向整合和纵向整合两个部分。横向整合通常是指媒介组织在产业链某一环节中的同业整合,既包括以报纸下辖子报这种形式的同媒介内部的同业整合,也有像 BBC 新的全媒体整合那样在不同传媒业务间实现扩张的尝试。而纵向整合则是指传媒企业在产业的上下游进行扩张,它将媒介集团的业务范围扩展,以涵盖从原材料的供应到用户对媒介产品的购买等全部产业价值链。以新闻集团、时代华纳等综合性的媒介集团为例,其业务涵盖影视制片厂、电视台网、报纸杂志、互联网等众多领域。

媒介产业的融合给媒介组织的发展带来了诸多优越条件,它们可以调动更多的资源,制作更多的内容,同时降低了生产的成本。综合性媒介集团可通过媒介产业的整合,而同时拥有强竞争力的媒介产品、布局完整的产业链条和有机整合的组织结构。

媒介产业融合带来的新的竞争局面迫切需要规制的融合来进行把握。而规制融合就是成立融合规制部门,树立融合规制理念,消除媒介融合的政策阻碍,通过多元化规制手段促进不同传媒产业之间的融合竞争,提供优质的信息服务,满足受众多元化的信息需求。[①] 在规制融合的领域,欧洲很早就做出了相应的尝试。2009 年 11 月,欧盟通过了通信规制框架的一揽子改革方案,该方案的亮点在于四个方面:第一,设立新的欧盟通信规制机构(BEREC),取代以往松散的组织管理者小组(ERG),同时各成员国的规制机构将更趋于独立;第二,通过最简化的网络传输质量规则,促进"网络中立";第三,对运营商实施功能性拆分,促进平等竞争;第四,对下一代网络(NGA)建立有效规则,提高竞争水平,激发投资动力。[②] 在我国,媒介机构虽仍受到"一省一报业集团一广电集团"的模式的限制,但也做出了相应的规制调整。

[①] 肖叶飞,刘祥平.媒介融合与规制融合[J].现代传播,2015(3).
[②] 肖赞军,李玉婷,陈子燕.媒介融合、规制融合的国际经验与中国策略[J].重庆社会科学,2012(6).

2013年我国新闻出版总署和广电总局合并为国家新闻出版广播电影电视总局,这两个媒介监督管理机构的合并,为两大产业业务上的交叉、融合,乃至产权上的兼并重组创造了良好的条件。2018年3月,根据十三届全国人大一次会议第五次全体会议表决通过的国务院机构改革方案规定,原来统管新闻出版、广播、电影、电视的国家新闻出版广电总局不再保留,将在广电总局原职责基础上组建国家广播电视总局;同时,电影管理和新闻出版的职责,划入中共中央宣传部。此外,该方案还规定,组建中央广播电视总台,撤销中央电视台(中国国际电视台)、中央人民广播电台、中国国际广播电台建制,对内保留原呼号,对外统一呼号为"中国之声"。

在媒介融合的时代,各种形态的媒介在真正意义上实现了融合,传统媒介时代不同媒介间的壁垒被打破了,一个更为广阔的且仍然处在扩张之中的信息平台展现在我们面前。这种由媒介营造的社会图景已经越发真实地同我们的生活融合在了一起,媒介与社会的融合在这种相互的印证之中,共同改变、影响了社会中的每一个人。而由每一个身处其中的媒介人所组成的社会,自然也会在融合的过程中不断地变化,形成全新的社会形态。

第三节 媒介融合进程中的主流媒体创新发展

一、我国主流媒体的定位

1. 主流媒体的概念

关于主流媒体的研究车载斗量,但我们不得不面对的一个事实是,因为"主流媒体"这一概念关涉颇广,从不同的角度切入常会得出不同的结论,所以学界目前尚无一个公认的、权威的"主流媒体"定义。但尽管不同学者提出的定义会有很大差别,我们还是可以获得一个相对综合的概念。

严格意义上来讲,主流媒体(Mainstream media)是一个舶来词,但是在其被引入中国并且付诸具体实践的过程当中,也已经发生了适应我国媒体环境的转变。实际上,在西方国家,最早的"主流"概念被应用于描述主流报纸,也就是指严肃报纸,如《纽约时报》和《泰晤士报》等与《太阳报》之类的小报相对应的更高级的报纸。美国麻省理工学院教授乔姆斯基(Avram Noam Chomsky)提出了"主流媒体"概念,他认为这一概念,或者说是精英媒体、议程设置媒体,往往在媒介领域拥有着相对充足的新闻资源,因而可以成为整个社会中新闻框架的设计者和运行者。而其他媒体在多数情况下,只能被迫在主流媒体设置的框架之中筛选新闻以进行运作。[①] 因此,主流媒体不仅通过媒介间议程设置的功能影响了社会媒介框架的制定过程,更能够借此影响乃至引导社会的舆论走势。主流媒体在媒介行业的领导者地位自然会使得相应媒体的读者群体与其他媒体不同。譬如《纽约时报》《泰晤士报》之类的主流媒体,其读者通常在社会中承担管理者角色,在政、商、学界通常都具备一定的影响力。

在我国,随着社会的发展,主流媒体的概念也发生了变化。因为历史上我国媒体是在中国共产党的领导下逐步建立起来的,因而由党领导的、被赋予重要宣传作用的官方媒体必然被视为我国的主流媒体。然而,20世纪90年代,随着市场的开放和媒体的改革,活泼的媒

---

① 陈力峰,左实.主流媒体的价值与要素解析[J].今传媒,2008(7).

体内容越发赢得受众好感,而墨守成规的官方媒体因为政治色彩太浓而渐趋边缘化,主流位置不再。与此同时,一部分报刊不属于党报的范畴(如《南方周末》《北京青年报》等),却在媒介市场上占据了主导地位,以受众获取信息的主要途径的形象出现,并且在很大程度上影响用户的决策,因此常常被认为是主流媒体。以上的种种变化也催生了不同角度的对主流媒体的定义。复旦大学教授周胜林认为在比较传统的意义上,我国的主流媒体是"相对于非主流媒体而言的,其具备一定的政治色彩,也就是影响力大、起主导作用、能够代表或左右舆论的省级以上媒体,称为主流媒体,主要是指中央、各省市区党委机关报和中央、各省市区广播电台、电视台,以及其他一些大台大报"①。喻国明教授则从传媒经济的角度入手,认为"主流媒体就是关注社会发展的主流问题,成为社会主流人群所倚重的资讯来源和思想来源的高级媒体"②。

　　试图理解主流媒体,必须了解媒体使用者的看法。而相关研究也得出了用户普遍认同的主流媒体的特征:71.9%的受访者认为"主流报纸应该是绝大多数人喜欢读的报纸,而不仅仅是中上层(如文化程度、收入、职业)人士读的报纸";81.5%的受访者认同主流报纸应以"关注大众,关心民生"为核心;80.5%的受访者认为主流报纸应该传递和解读国家和党的政策;79%的受访者认为主流报纸的内容应该反映国家和社会发展的方向。③ 因此,我们要以一个更为开放的态度去接受主流媒体的定义。

---

① 周胜林.论主流媒体[J].新闻界,2001(6).
② 喻国明.一个主流媒体的范本——《纽约时报100年》读后[EB/OL].(2003-04-15)[2017-04-05]. http://www.people.com.cn/GB/14677/21966/1803428.html.
③ 吴飞,姚晓玉.社会转型时期党报若干问题的探讨[J].新闻大学,2008(1).

2. 主流媒体的地位

主流媒体的概念自引入中国后几经变迁,也有诸多学界和业界的人士对其做过不同领域的界定。相对而言,主流媒体担负着传播社会主流意识形态和价值观,引导社会文化积极健康发展的任务和使命。

长久以来,"喉舌论"的新闻观一直作为马克思主义新闻观的重要组成部分而存在。马克思认为,报刊应成为人民的"耳目喉舌"。1949年,在批驳反对派对《新莱茵报》的控告时,马克思提出,"报刊按其使命来说,是社会的捍卫者,是针对当权者的孜孜不倦的揭露者,是无处不在的耳目,是热情维护自己自由的人民精神的千呼万应的喉舌"[①]。同年12月15日,在《〈新莱茵报·政治经济评论〉出版启事》中,马克思、恩格斯又指出:"报纸最大的好处,就是它每日都能干预运动,能够成为运动的喉舌,能够反映出当前的整个局势,能够使人民和人民的日刊发生不断的、生动活泼的联系。"[②]

我国的新闻报刊理论也是在马克思主义报刊理论的引导下和无产阶级的革命斗争实践中逐渐形成的。早在1942年,延安《解放日报》的社论就曾经提到,"使《解放日报》成为真正战斗的党的机关报,成为一切愿意消灭民族敌人、建立民族国家的人的共同的喉舌"。而1948年10月2日,刘少奇就在《对华北记者团的谈话》中明确提出,"你们是党和人民的耳目喉舌","中央就是依靠你们这个工具,联系群众,指导人民,指导各地党和政府的工作的"。我国的主流媒体更多以新闻事业的形式出现在人民群众的视野当中。

新华社曾经做过相关调查,总结了判定主流媒体的六条标准,同

[①] 马克思,恩格斯.马克思恩格斯全集:第6卷[M].北京:人民出版社,1961:275.
[②] 马克思,恩格斯.马克思恩格斯全集:第10卷[M].2版.北京:人民出版社,1995:115.

时也是主流媒体需要坚持的六个功能①：

第一，具有党、政府和人民的喉舌功能，具有一般新闻媒体难以相比的权威地位和特殊影响，被国际社会、国内社会各界视为党、政府和广大人民群众意志、声音、主张的权威代表。

第二，体现并传播社会主流意识形态与主流价值观，在我国即是社会主义意识形态和社会主义核心价值观，坚持并引导社会发展主流和前进方向，具有较强的影响力。

第三，具有较强的公信力，报道和评论被社会大多数人广泛关注并引以为思想和行动的依据，较多地被国内外媒体转载、引用、分析和评判。

第四，着力于报道国内外政治、经济、社会、文化等领域的重要动向，是历史发展主要脉络的记录者。

第五，基本受众是社会各阶层的代表人群。

第六，保持较大发行量或较高收听、收视率，影响较广泛的受众群。

毋庸置疑，随着传播技术的演化与市场力量的推动，媒介融合的趋势已经产生并且不可逆转，而这种技术的进步将会打破原有的体制、生产方式和传播方式。以往不同地区和行业的媒介之间往往相互划定"势力范围"，但是如今涉及各个领域的媒介融合使得媒介垄断行为的基础不复存在，传统媒体不能再依照以往独享媒介话语权时的策略和格局去面对现在媒介产业中权力去中心化的事实。如今，以互联网技术为代表的新的数字信息技术正在影响着人们的传播方式，这将进一步深刻影响整个社会的信息交流系统，进而逐渐改变社会结构。

---

① 易艳刚.融合语境下主流媒体面临的挑战和机遇[J].青年记者：2015(28).

在当前时代，主流媒体的首要任务是找准自己的定位，主流媒体的地位不可动摇，但是这并不意味着主流媒体就应当故步自封。保持乃至发展现有的传播实力，需要以传统媒体为主要形态的主流媒体在新传播技术下适应新的信息传播格局，改变已有的话语权掌控方式，进而实现自身的现代化转型。

二、我国关于主流媒体媒介融合的研究

伴随新媒体的迅猛发展，我国主流媒体的媒介融合尝试早已开始。人民日报社编撰的《融合坐标——中国媒体融合发展年度报告(2015)》对当年各大媒体集团的融合项目、各媒体进行媒介融合的尝试进行了收录和梳理，认为 2015 年媒体融合已前行至深水区。① 在这样的背景下，学界对我国主流媒体媒介融合的研究成为热门。梳理相关研究成果，可发现其主要有以下三个研究角度：

第一，传统主流媒体媒介融合的方向及特点。传统主流媒体媒介融合的趋势和导向问题是一个研究重点，在这个视角下，高宪春提出传统主流媒体的五个转向："公共新闻媒体"向"公众新闻媒体"转型、"新闻生产开发者"向"新闻生产消费者"转型、"高技术新闻"向"情感新闻"转型、"单一性新闻"向"复杂性新闻"转型、"客观性新闻"向"浸润式新闻"转型。②

第二，媒介融合背景下主流传统媒体的困境与出路。高晓虹、罗钰等在这一视角下进行了研究。如高晓虹在其《媒体融合新常态下传

---

① 人民日报社.融合坐标——中国媒体融合发展年度报告(2015)[M].北京:人民日报出版社,2016.
② 高宪春.新媒介融合背景下主流媒体发展的五大趋向[J].学术界,2015(16).

统媒体舆论引导面临的困境与出路》一文中梳理了当前多元语态下舆论焦点的新特征和当前传统主流媒体内容管理面临的新问题,总结出当前传统主流媒体舆论引导的困境,进而提出走出困境的一些思路。①

第三,关于主流媒体媒介融合的比较研究。由于媒介融合率先在欧美国家开展,近年国内紧随其后进行了较多探索,因而,对中外、国内不同媒体媒介融合实践的对比就成为一种较为常见的研究视角。例如,复旦大学博士生梁智勇对中央电视台、SMG、凤凰卫视及新华社等媒体的产业链、新媒体布局、新媒体战略等进行了比较。② 又如,邹志的硕士论文《新媒体环境下中英报媒的融媒策略比较研究——以〈每日电讯报〉和〈中国日报〉为例分析》比较了中英两份知名报纸的媒介融合策略,为我国主流媒体开展媒介融合并利用新媒体"走出去"提供了有益参考。③

另外,当前学界在"我国传统主流媒体媒介融合的困境"这一视角下已经形成了一些研究成果。以高晓虹的《媒体融合新常态下传统媒体舆论引导面临的困境与出路》、罗钰的《媒介融合背景下传统报业面临的困境及其应对》和朱建飞、胡玮的《唯改革创新者胜——再论媒体融合的发展瓶颈与路径依赖》为例进行分析,笔者发现这些研究具有如下特点:

首先,在研究方法层面,已有研究多采用文献分析、逻辑分析、案例分析等研究法,在某种程度上可以说现有文章多重于思辨而轻于实证,对案例的选取重数量而轻深度,缺少对特定媒介融合案例的深入

---

① 高晓虹.媒体融合新常态下传统媒体舆论引导面临的困境与出路[J].社会科学,2015(9).
② 梁智勇.媒介融合背景下传媒集团新媒体战略比较——以 CCTV、SMG、凤凰卫视与新华社为例的研究[J].新闻大学,2009(1).
③ 邹志.新媒体环境下中英报媒的融媒策略比较研究——以《每日电讯报》和《中国日报》为例分析[D].成都:成都理工大学,2016.

分析。

其次，目前的研究多结合业界实践展开，以如何促进媒介融合为落脚点，某种意义上近似于策略研究，缺少学理性，这或可导致相关研究单纯从媒体的角度进行思考而缺乏受众视角。

三、我国主流媒体融合发展的方向

对主流媒体认识的辨析可以让我们很清楚地了解主流媒体在如今的市场竞争中仍然处在领先地位并且保持着一定的规模优势，而且它们体现和传播社会主流意识形态与主流价值观这一历史使命从未改变。主流媒体曾经、现在并且在将来的很长一段时间中都应该是我国坚持并引导社会发展主流和前进方向的主要媒体力量。但是在新的媒介生态环境下，传统媒体面临着全面转型的问题，只有传统媒体与新兴媒体融合发展，才能形成具有强大传播力和竞争力的新型主流媒体。

1. 重视技术的推动作用

推动主流媒体的融合创新，必须重视技术的核心推动作用。我们已经在媒介融合的章节中讲述了很多技术领域的进步给媒介融合历程带来的变化以及它们为媒介融合的前景开辟的发展方向。我们认识到，无论是建立多媒体的传播平台，还是建立跨媒体的统一数字化管理流程，都离不开技术的支撑。

数字化带来的是一种"速度文化"，信息以数字化的形式存储、传输及应用无疑极大地增进了社会生活各个环节的信息数量，也由此带动了生产、分配和消费各个方面对信息需求的增长；技术的升级愈发迅速,相应地,信息也更为频繁和快速地被投入到传播的渠道之中。[①]毫无疑问,这种由技术带来的速度文化正是处在迅速发展的社会中的传统媒体感觉自己格格不入的原因之一。全新的时空观念、控制理念和社会理解,无一不是数字化技术所带来的,无一不是这种"速度文化"的产物。与此同时,可视化也成为"速度文化"的另一表征:形象被认为是一种比语言、文字和数字消费得更快的符号。[②] 由传统的铅字排版印刷(文字传播)直到图片进入新闻传播领域,再从"读图时代"的说法到如今数据新闻的理念几乎出现在新闻报道的方方面面,大数据、云计算等与数字化技术相关的各种关键词逐渐成为人们日常生活中司空见惯的部分。诚然,许多由新媒介的诞生和发展所引发的变革对社会运行的部分环节造成损耗,比如,建立在这种速度上的理解,是否会造成文化领悟上的肤浅?而建立在这种速度上的生产,是否会带来粗糙和僵化的内容呢?但倘若主流媒体因小失大,或者以现存的媒介生态可能受到威胁为理由而自我欺骗,那么,为更广大的人民群众的利益服务,改善整个社会的媒介状况的愿望只能成为一纸空谈。

我们已经提到了很多依靠技术进步推动的媒介融合的方式,而在中国的语境中,从很大程度上看,"技术赋权"才是媒介融合时代的技术能够在社会文化领域带来的最重要的变化。依赖技术和技术进步带来的影响,众多的用户都将体验"能发声""敢发声""通过发声起到作用"。由新媒体发展带来的技术赋权,将是对社会和大众的一次不可逆的改变,经历过"发声"尝试的大众不会也不可能再回到传统媒介的时代,这也将敦促整个主流媒体做出改变,即便这种改变很大程度

[①] 迪克.网络社会——新媒体的社会层面[M].蔡静,译.2版.北京:清华大学出版社,2014:14-15.
[②] 石长顺,梁媛媛.互联网思维下的新型主流媒体建构[J].编辑之友,2015(1).

上对仍以传统媒体为主体的他们来说是一次不破不立的艰难决定。

所以我们也应该认识到,在我国当前的社会现实中,期待传统媒体,特别是传统主流媒体的主流内容立即进行颠覆性改变而彻底走向媒介融合思维、互联网新媒体思维,是不现实的,也未必是一种负责任的要求;但我们可以期待的是传统主流媒体的渐变,而这种响应媒介融合的渐变恰恰是技术赋权真正想要带来的社会影响力。

青年学者刘俊曾对《新闻联播》中诸多因应技术赋权的形式创新做了研究:

一、使用开放式或准开放式的切入或报尾;

二、突破安全播出所限,逐渐普遍运用连线直播,比如春运第一天的视频连线直播和广州恒大参加亚冠决赛的比赛实况;

三、播出全部基于手机自拍画面的新闻片,开设专门的春节"百姓自拍"版块;

四、大数据呈现的尝试,比如《数据说春运》《数据说春节》等。①

由技术赋权所带来的媒介的变化由于其形式和内容的创新,在用户当中广受好评,这也让我们不断思考是否有更好的新闻内容和创新方式可以应用到媒介融合的格局之中。很多时候,受众可以理解主流媒体承担的国家意志表达、政府管理协助、社会道德塑造之类的功能,在一些视角下,用户也乐于承认在中国国情下主流媒体的相关工作确实有其必要性。但是媒介融合带来的社会文化的变化持续发展着,技术赋权的存在,不仅是媒介融合的压力和动力,更应该成为主流媒体发展的动力。

---

① 刘俊.技术赋权与社会赋权的回响:媒介融合时代的电视时政新闻改革——基于对近年来央视《新闻联播》春节期间创新的分析[J].新闻界,2015(9).

2. 重视互动、转变姿态

早在 21 世纪之初,托马斯·弗里德曼(Thomas L. Friedman)即通过《世界是平的》对未来的社会发展做出了自己的展望。在他看来,"扁平化的世界"这个趋势很早就开始了。以 1989 年 11 月 9 日柏林墙的倒塌和与之几乎同时发生的 Windows 系统的建立为标志,人类开始迈入最为波澜壮阔的创新时代,并且将这个时代不断延展至今。书中罗列了十种世界扁平化的因素,现在看来,这些因素无不建立在信息的互联互通上。借助互联网技术实现的互联互通是扁平化的重要条件之一。信息共享、提高效率是个人、组织和国家共同的目标,因为垂直型的机构往往适应性差且效率低。跨区域、跨部门、跨行业、跨领域的合作已经验证了这一点。而如今,火热的社交网络更是体现了快捷和方便对于人们之间的交流有多么重要。因此,如今的融合传播策略的制定者必须转变思路,组织设计层次不要太多,相反地,同层次节点之间要注意增加联系。

当下,互联网已成为人们生活中不可缺少的重要内容,人们凭借它获得信息、与他人进行联系,或者进行娱乐活动。伴随互联网技术不断进步而来的,是整个社会信息传播方式的巨大变革。发布和处理社会信息、维持和增进人际关系、引导和改造社会结构,信息传播的影响力在社会中无处不在,而信息交流的结构和模式,也伴随着新技术的引入而悄然发生改变。首先,不同传播网络之间的融合日益深化。过去彼此独立的互联网、通讯网、广播电视网等传播网络的联系日益紧密,构造了明显区别于过去的信息传播系统。其次,个人传播的重要性极为凸显,在通过互联网连接而成的超越时间和空间界限的网络结构当中,每一个节点都获得了几乎平等的地位和重要性,而每一个节点,抑或称作信息单元,其能量在经过无数个节点的传递放大和穿越网络结构四通八达的广阔空间之后,成为了整个社会传播体系中不可或缺的重要组成部分。第三是泛关联时代的到来。以往,社会中个人的关联形态是依托现实中密切的社会关系形成的,而这种旧的社会关联正伴随网络信息传播新时代的到来而迅速地被解构。个人作为信息传播网络中的信息单元,在一定程度上已经可以依托在互联网上的位置进行新的社会关系的编织,这无疑打破了传统定义下时空的限制。

在此前提下,诸多传统媒体面临着转型的挑战。而这种困难很大程度上是自身的姿态难以放低,对互联网思维理解不深所导致的。

姿态难以放低体现在理念落后,思维惯性太大。殊不知,时代的大背景已经发生巨大的变化,2017年光顾新闻网站的用户众多,平均每分钟约2.45位,而全美报纸销量则下降明显,几乎回到20世纪40年代水平。[①] 但是传统媒体仍然将收视率、发行量作为衡量自己运营成果的主要数据依托,这导致了众多的传统媒体过于专注生产印刷品,却忽略了网页新闻、在线视频等一系列其他的内容呈现方式。杰·尼尔森曾在《传统媒体的终结》里预言说:"未来五到十年间,大多数现行媒体样式将寿终正寝。它们将被以综合为特征的网络媒体所取代。"社会的发展不可逆转,如果媒体依然抱有单纯致力于传播广泛全面新闻和信息的理念,将注定失去市场竞争力。

而互联网思维的缺乏更多时候是体现在很多传统媒体老化呆板的思路上的,直到现在,仍然有不少传统媒体的策略制定仍然停留在如何应对互联网的冲击上。在以科技引领互联网浪潮的时代,在诸多媒介行业的从业者以融合媒介武装自己的时代,这样的思维是致命

---

① Pew Research Center. Newspapers fact sheet[EB/OL]. (2018-06-13)[2018-06-28]. http://www.journalism.org/fact-sheet/newspapers/.

的。互联网公司正在不断赢得用户、拓宽渠道,而此时,作为守擂者的传统媒体却还局限于新闻产品、单向受众、内部业务的"融合"上,这种思维上的巨大差异无疑将使这些媒体难以实现真正意义上的新老媒体的融合。

因而,如今的传统媒体必须转变姿态,摆脱现有体制的束缚,进行深度的融合。以往针对单向型用户的经营策略已经不合时宜,整个组织的重点应该从生产产品转换到经营用户中来。传统媒体的融合创新,归根到底还是要转变自己的姿态,重视互动行为的发展,围绕用户展开创新服务,通过新的平台型业务聚拢人气,为实现用户的需求提供重要保证。

3. 建设创新合理的多维补偿方式

诚然,我们也能够关注到在主流媒体转向的过程中,难免会经历"阵痛期"。主流媒体不得不远离自己经营多年的领域,进入互联网环境去面对新的内容生产与传播方式等的竞争。这一方面耗资巨大,另一方面也具有很高的资金风险。但是这些尝试绝非是没有价值的,主流媒体在之前的几十年内凭借兢兢业业的经营所建立的诸多优势也绝不是可以轻易被互联网等新兴媒介技术消解的。依托这些积累的资源,主流媒体在积极进入融合媒介的领域,开启转型之路的时候,能够创新拓展一种价值补偿方式,能够在保证主流媒体自身运行稳定可持续发展的同时进一步推动创新。下面仅就主流媒体转型提出几点建议:

首先,版权价值收入。长期以来,主流媒体参与投资或购买了大量电视剧、电影、纪录片及动画片等,对这些内容产品版权的占有是我国主流媒体的发展优势。当下,我国版权相关的法律法规日益健全,新兴媒体平台也逐渐具有了较高的版权意识,愿意依据定价对内容产品的版权进行购买。例如,很多电视剧集、纪录片等在经历几轮播放后仍然可以为在线视频网站带来不少的浏览量,因此视频网站通常乐于支付相关的版权费用。主流媒体应始终着力提升自我版权保护意识,持续加强版权管理的规范化,继续开发自持版权的经济和社会效益。

第二,规模效益。目前,在线视频网站自制剧集的火热吸引了诸多观众,但是冷静下来,我们可以发现,在"网剧"一片繁荣的景象背后,传统媒体在产、制、播的各个环节中仍然占据较大优势。传统电视台投资的电视剧,其规模收益往往是它们胜过目前"网剧"的关键因素。从电视剧集的构思、拍摄,到后期的分发,每一步都需要考虑并实现规模效益。当下传统媒体面临新兴媒体的巨大冲击,而合适的受众叠加策略则有助于应对新兴媒体的竞争,实现规模效益。这其中的关键在于视频内容的可删减性和可编辑性。依据不同媒体平台的特征对电视剧集进行删减和编辑,有利于其在各个平台的分发和传播,使得主流媒体可以较低的资金投入赢得更多的收入。

第三,对受众资源进行再开发。受众资源的积累是一个长期的过程,也是主流媒体在多年的经营和建设中所积累的核心竞争力。通常,媒体将具有较高购买能力的受众视为自己的目标受众,并以吸引这些受众换取广告收入作为自身主要的经济来源。在新的媒介环境下,主流媒体不应再满足于这种传统的营收方式,而应尝试对这些目标受众进行再次研究,探索其兴趣点,并依据受众兴趣开发各类增值服务,以期满足受众的媒介使用目标。

第二章　国外主流媒体的融合发展历程和经验

在数字化、融合化背景下,全球广播电视产业正经历着一场深刻的转型与重大变革,媒介融合已成为传统主流媒体发展不可回避的话题。传统媒体的维持和新媒体的演进之间产生的不可避免的裂隙,并不是中国传播产业独自面对的挑战,在全球范围内,如何更好地打破技术和产业的边界,实现更好的媒介融合,都是值得我们思考的话题。西方国家由于媒介产业化进程开始较早,因而具备较强的参考价值。随着全球一体化的不断推进,各国之间的联系日益密切,更多的共性出现在各个社会之中,媒介产业的融合创新无疑是其中之一。探讨美国、欧洲乃至一些亚洲国家的主流媒体融合发展的成功经验,无疑有助于我们更好地指导中国媒介产业的融合发展进程。

第一节 国外主流媒体的融合发展历程

一、美国主流媒体的融合发展历程

作为世界传媒第一大国,美国媒体在世界上具有重要影响力,其传播实力的强大使得美国在国际话语权上拥有显著的优势。作为美国重要的主流媒体,CNN 和 NBC 在世界媒体之林中地位显赫,因此,对其创新之路进行探析,对于我国主流媒体发展经验的积累而言大有裨益。

1. CNN 的媒介融合实践

有线电视新闻网(Cable News Network,简称 CNN)创办于 20 世纪 80 年代,总部设在美国佐治亚州的亚特兰大,可为全球用户提供 24 小时不间断的新闻节目。作为全球首家全天播放新闻节目的电视频道,CNN 在新闻事件的直播方面进行了很多探索,极大地提高了新闻的时效性。另外,对海湾战争、"9·11"事件等的即时现场报道,奠定了 CNN 在国际新闻界毋庸置疑的地位,使之被观众认为是"新闻中最值得信赖的品牌"。由此,每当发生重大新闻事件的时候,众多受众的第一选择和最佳选择往往都是观看 CNN 的新闻直播。然而,随着互联网特别是依托智能手机等终端的移动互联网的业务范围拓展开来,Twitter、Facebook 等社交媒体已经凭借其优势成为用户的新宠。人们更乐于在社交网站上传递、分享信息,成为"公民记者"。而众多的社交网站用户往往可以从新闻发生的现场带来第一时间的实时报道,这是传统的新闻电视台难以企及的。CNN 面临着四面楚歌的困境。具体说来，CNN 转型的背景和原因主要包括以下几个方面：

首先，国际新闻市场群雄逐鹿，CNN 的影响力被大大削弱。自伊拉克战争中半岛电视台建立起自己的传播话语权之后，俄罗斯、法国、日本、中国都试图在国际电视领域建设属于自己的国际电视媒体，CNN 一家独大的时代已经是明日黄花。为了保持住自身的影响力，CNN 的转型势在必行。其次，CNN 国内市场收视率下滑的情况也愈发明显，众多用户或被其他电视台分流，或投向其他媒介。CNN 在报道形式和创新方面的停滞也是极为重要的原因。电视在面对新媒体的冲击时，确实面临吸引力衰退的局面，但全球数字化、网络化、信息化的高速发展在为电视业带来负面影响的同时也带来全新的发展机遇。

在这个背景之下，CNN 开始着手实施媒介融合战略而且成绩斐然，具体通过以下几种手段进行转型。

(1) 通过渠道转型完成 CNN 信息传播立体化构建

CNN 在媒介融合背景下的改革是在巩固自己原有的优势的前提下开展的。在保证自己在大型新闻事件即时性的现场报道、国际新闻报道等优势不变的基础上，CNN 大力建设自己的立体化传播框架，通过构建门户网站、建设移动终端等方式逐渐开始了信息传播立体化构建，主要有以下几方面。

首先，构建门户网站。

CNN 在网络媒体的建设中投入了大量的资金，以求迎合网络时代的新型传播方式。在门户网站的建设中，CNN 突破了传统媒体的范式，又持续利用自身在全球各区域的传播渠道和站点的资源优势，实现了在内容即时、全面基础上的整合推送。从 20 世纪 90 年代中期开始,CNN就开始了台网融合的尝试,且开发了财经、体育等多个网络平台。其网站CNN.com已经成为CNN一个重要的收入来源。据CNN方面的官方说法,CNN.com每个月都有3 800万独立访问者、17亿的页面访问量和约1亿的视频浏览量;其全部的访问页面数则达到1 210亿。① 而尼尔森公司的调查结果显示,CNN.com平均每月的用户大约为3 820万人。市场调研机构Hit Wise分析师希瑟·霍普金斯(Heather Hopkins)在2010年3月提交的一份报告显示,在社交网站Facebook的用户浏览量中,CNN排名第二位;而在"谷歌"新闻用户的浏览量排名中,CNN排名第五位。同时,在推特上,CNN.com也被评选为最受欢迎的网站之一。到了2011年,CNN官网的独立用户达到了7 300万人,在美国全国的新闻网站中排名第二,仅次于做互联网起家的雅虎。CNN的网站在全球综合排名平均为第62位,在国际一流媒体网站中仅仅次于BBC。其受众在全球网民中所占的比例高达1.741%,其中国内用户占据的百分比为67.6%,海外用户占据了32.4%。其海外用户基本覆盖了全球的主要国家,受众人群的国际化程度很高。

其次,拓展移动终端业务。

CNN早在1992年就已着力开拓自己的移动业务领域。在1992年2月,CNN率先建立了CNN移动,在已经有了WAP和JAVA软件的基础之上,2010年又适时地推出了iPhone版和iPad版终端。除此以外,CNN还通过资本运作、业务合作等多种灵活形式实现了与多家新媒体公司的紧密合作,双方以强强联手的方式大踏步迈入了新媒体移动业务。比如在2008年,韩国的三星电子与CNN国际频道联合

---

① 孔朝蓬.媒介融合时代突发事件报道传播立体化转向——CNN波士顿爆炸案报道的启示[J].华夏文化论坛,2013(2).

推出了 CNN 多媒体新闻服务，其合作的地域涉及欧洲、中东、亚太以及拉丁美洲等地。三星公司还专门为 CNN 多媒体新闻服务配置了带有"一键进入"快捷键的手机产品。用户通过快捷键可以直接进入浏览页面，即刻观看数以千计的新闻内容以及相关图片。同时 CNN 每个小时还会播出一个在线视频节目，即 *CNN World News Now*（CNN 全球新闻）。CNN 提供此项服务的收益主要来自和三星公司相关手机销售的利润分成以及新闻服务中刊登的广告费用。①

最后，构建"三点多面，无处不在"的传播网络。

CNN 同时通过媒体融合，形成了"线上互动""电视网播出"和"线下服务"相结合的"三点多面"的传播网络。在新媒体优势凸显、传统媒体发展受到冲击的背景下，CNN 开始着力与 Facebook、YouTube 等多家社交网络媒体进行良性互动。比如，CNN 鼓励电视主持人在这些平台上注册账号，发布节目信息，与平台用户展开互动讨论，这使得媒体工作者可以高效地搜集关于节目效果的反馈信息，同时，对于 CNN 了解受众喜好进而更有针对性地调整节目非常有好处，且进一步增加了用户的黏性。

以 CNN 在波士顿爆炸案报道中的表现为例，我们可具体分析它线上和线下传播的互动性和互补性。2013 年春的波士顿马拉松终点爆炸事故造成了多人伤亡。在对这一突发新闻的报道中，CNN 构建的三点多面的信息传播平台发挥了巨大的作用，而且还确保了信息传播的时效性。爆炸案事发当时，CNN 的报道组就在波士顿进行了电视的现场报道，让观众在第一时间获知了该信息，而且报道画面也极具现场感。之后，CNN 在电视和网络平台同时滚动播放人员伤亡信

---

① 陈怡. 让自己无处不在—CNN 转型案例解析[J]. 中国记者，2013(11).

息及现场救援画面,让不同平台的用户及时了解到了现场情况。

(2)采编转型,流程再造,以"中央厨房"实现资源共享

目前,CNN已经建立起一套较为科学完善的国际新闻采集网络,拥有约4 000多名员工,记者800人,其中出镜记者约170人,他们分布在国外的24个记者站和9个国内报道分部或者记者站之中。同时,CNN还在全球几十个国家建立起了庞大的国际新闻提供体系,一共涵盖了150多个电视机构,其中半数以上都设置在发展中国家。基于其强大的国际新闻采集能力和在海外市场的卓越表现,2008年,CNN与美国报纸合作推出了"CNN通讯社",低价抢占新闻通讯市场。2009年,CNN以阿布扎比新闻中心为基地协调七个区域记者站的采编业务,这七个记者站分别位于巴格达、贝鲁特、开罗、迪拜、耶路撒冷、喀布尔和伊斯兰堡。阿布扎比新闻中心巩固了CNN国际频道在全球新闻采集上的投入,而且带动了CNN商业新闻电讯的推出、新版CNN.com的上线,以及黄金时间段里一系列全新节目的推出。

CNN的采编系统就像一个巨大而高效的中央厨房。各个记者站的记者们将拍摄到的内容分为"精编""粗编"和"多余素材"三种类型,这三部分内容都直接回传到亚特兰大总部的"中央厨房"中,由"中央厨房"负责将所有素材做成风格各异的菜肴。最后,总部将所有的原始素材以及精编后的成品统一放入资源共享库中,供各个频道与制作中心根据自己的实际需要随时选用。这里有两点值得关注,一是所有频道、制作中心的编辑们都有进入这一资源共享库并依据自己需要选用新闻素材的权利;二是CNN开发了一个优秀的内部信息检索系统,其检索精度甚至可以覆盖至单帧新闻画面的关键词。这两点极大地提高了CNN编辑的工作效率。另外,CNN还组建了专门的工作小组负责不同频道、平台之间的协调,由专职的主任负责协调这些不同的

小组之间的合作。

同时 CNN 还有一个自己的制作小组和应对突发新闻的小组——新建的"CNN 共享"(CNN Share)团队,该团队负责为重要新闻创建预警系统和收集素材内容,然后通过网站、手机和电视来共享这些内容。正是基于其先进的采编流程,CNN 资源库里海量的基础内容才能够得到最大限度的开发和利用,尤其是为 CNN 的新媒体业务开展补充了源源不断的丰富养料,使得它的新媒体业务能够在与其他新媒体对手的竞争过程中,从一开始就处于有利的地位。值得一提的是,在媒介融合的背景下,CNN 认为所有采编人员都应尝试转型为全媒体记者——他们拥有媒介融合的思维方式及驾驭不同媒介的能力,能更好地完成媒介融合背景下的新闻传播任务。

(3)内容转型,将深度分析与"公民新闻"相结合

从信息汇总与深度分析方面来说,在波士顿爆炸案的报道中,CNN 展示了新闻频道应有的专业视角和职业素养。其上午的《早间快递》(Morning)栏目和下午的《形势观察》(The Situation Room)栏目都通过突发事件全天候报道及时传递了现场信息,展示了事件的进程。同时,CNN 的《安德森·库珀360°》(Anderson Cooper 360°)、《法里德·扎卡利亚的环球公共广场》(Fareed Zakaria GPS)、《国情咨文》(State of the Union)以及《皮尔斯·摩根今夜秀》(Piers Morgan Live)等新闻访谈、新闻评论节目也对波士顿爆炸案的后续影响、死伤者的赔偿、民众在遭遇恐怖袭击案后的心理干预和心理治疗工作进行了分析,同时还对嫌疑犯的作案动机、焦哈尔·察尔纳耶夫被捕以后的"米兰达警告"(Miranda Warning)的应用以及接下来要进行的诉讼展开了深入的探讨。同时,CNN 还客观地报道了对嫌疑犯家人的采访,尽力挖掘波士顿爆炸案背后的国家间政治文化冲突及美国在国际

交往中的强势地位,较全面地呈现了爆炸惨案的深层背景,让观众对整个事件有了更加充分的了解。

CNN通过在黄金时段内播放纪录片,一方面实现了与其竞争对手的差异化竞争,另一方面使自身的新闻内容朝着更加具有深度的方向发展。2012年10月19日,CNN宣布成立纪录片部门CNN Films,并从2013年春季起开始在CNN和CNN国际频道黄金时间段内播出纪录片。一方面,CNN将借助新闻报道在话语、话题、品牌上的优势推动自身纪录片的发展;另外一方面,纪录片节目本身也可以弥补普通新闻报道深度的不足,为新闻报道提供更为长线的话题。除此之外,纪录片可以提供更多、更深入和更专业的观点。[1] 以往CNN一向以现场新闻见长,其节目内容也比较注重对于硬新闻的报道力度,树立了"新闻为主、评论为辅"的品牌形象。但是新媒体多媒体化的报道方式更具现场感,因此CNN不得不对新闻频道的内容进行调整。在保证一定数量的硬新闻的基础之上,CNN加大了评论的比重,更加注意深度挖掘,体现了新闻媒体的专业性、思考性和严肃性。

而从公民新闻方面来说,CNN的iReport体现了显著的价值。随着媒体技术的不断发展以及受众主动性的增强,新媒体环境下的UGC(User Generated Content)内容生产模式已经逐渐成为常态。UGC的内容模式是时下新媒体和公民新闻交汇的最佳体现,用户作为事件的现场目击者或者见证者,通过自己的即时通讯工具,如手机、iPad或者小型DV将自己的所见、所闻、所想分享到大众媒体平台上,实现一定范围的新闻传播。CNN及时顺应了时代的潮流,非常重视并利用"自媒体"内容。在CNN众多的自媒体体系中,最著名的要数

---

[1] 陈怡.让自己无处不在——CNN转型案例解析[J].中国记者,2013(11).

CNN 的 iReport。这一自媒体报道方式在 2005 年的美国卡特里娜飓风报道中首次得到应用，普通民众通过上传文字报道、分享自己拍摄的音频、视频并对这些信息予以分享的方式，以"公民记者"的身份对事件进行了报道。

2006 年 8 月 1 日，CNN 在其官网首页正式推出了 iReport。作为一种推崇全民参与的新闻分享平台，它鼓励全世界普通民众在承诺遵守版权保护等协议的基础上上传和分享自己制作的图片、音视频信息到 CNN 网站，且向公众保证这些信息将不会被 CNN 进行任何修改。另外，在经过 CNN 编辑的审查之后，这些普通民众上传的音视频等内容可以获得在 CNN 网站、电视节目等平台上播出的机会，其他用户也可对其进行评论和转发。除了在官网上滚动播出，CNN 电视台每隔半个小时也会滚动播出 iReport 的宣传信息，以鼓励更多的公民参与。①

同时，iReport 不断紧跟时下最新的媒介技术对自己进行革新。2014 年，CNN 就与 Google 进行了一次极富创意的新尝试，宣布将允许 Google Glass 用户直接将拍摄下来的视频上传到 iReport 新闻平台。这一举动再一次将民间新闻报道推向了高潮。

iReport 的发布被看作是 CNN 在媒介融合时代作为全球新闻行业的领跑者进行的一次卓越的创新尝试，这是业内主流媒体真正放下身段，以平等的姿态去接纳公民声音的一次尝试。这预示着公民新闻的春天将要来临。

2. NBC 的融合发展历程

全国广播公司（National Broadcasting Company，以下简称 NBC）

---

① 马连湘，马萧萧. 探析主流媒体与新媒体融合中的内容生产——以 CNN 的网络平台化运作为例[J]. 媒体时代，2015(8).

与哥伦比亚广播公司(Columbia Broadcasting System,以下简称CBS)和美国广播公司(American Broadcasting Corporation,以下简称ABC)并称为全美三大商业广播电视公司。作为美国非常具有代表性的广播电视公司,NBC拥有广泛的受众基础,截止到2015年3月,NBC拥有10所自营台和221所成员台,覆盖范围包括美国的48个州、哥伦比亚特区、6个海外领地和2个非美国地区(阿鲁巴岛和百慕大),覆盖了95.92%的美国家庭。① 但是近年来,NBC也和美国其他传统的广播电视媒体一样,有着同样紧张的处境,面临着新兴媒体带来的巨大的竞争压力。在互联网媒体来势汹汹的冲击下,NBC也开始向积极转变的BBC和CNN学习,主动尝试媒介融合和转型,建立了囊括互联网、移动客户端等在内的一整套新媒体系统,充分发挥传播平台群的战略,形成了传统的广播电视平台之外的有力的补充。而这种积极、自发的内部转型和外部合作尝试使得NBC的各个平台逐渐形成了一个良好的、互相促进的共同体。相比其他传统广播电视媒体,NBC在媒介融合中最大的特点就是一直积极地向互联网进军,联合其他公司组建了微软全国广播公司电视频道、Hulu等融合性信息传播平台,使整个媒体机构影响力得到大大提升。

(1)媒介融合的早期尝试:MSNBC

早在1996年的美国电信法推出后,美国信息产业间经营的限制就已经消除,这在无形间增强了基础电信领域内的竞争。允许市内电话、长途电话业务进行整合,广播、有线电视、影视服务等业务互相渗透,各类电信运营者互相参股……种种政策上"松绑"的举措塑造了一个鼓励自由竞争的市场环境,继而使得美国的电信市场迎来了一场市

---

① http://www.stationindex.com/tv/by-net/nbc.

场准入许可的革命性变动。

1996年,微软公司投资2.5亿美元,与NBC共同组建了通过有线电视系统和互联网同时播出的微软全国广播公司电视频道(MSNBC)。很快,MSNBC的实力迅速增加,成为FOX和CNN重要的竞争对手。截至2015年年初,MSNBC在美国国内有9个记者站,在海外有11个记者站。当下,MSNBC在美国已经拥有9 500多万用户,另有多档节目在Orbit TV、CNBC等播出。

得益于微软雄厚的技术支持,MSNBC在互联网业务上获得了巨大的优势。MSNBC的网站通过清晰的内容结构编排,实现了有效的信息整合。MSNBC并不是将来源于电视网的素材原封不动地搬运到网络上,而是由网站编辑根据需要,从不同角度把新闻"碎片化",然后用不同的关键词进行标注;在网站的页面布局上,网站首页只挑选数个重要新闻进行以图片为主的大板块呈现;而在经济、社会、教育、选举、健康等子栏目中,MSNBC也是力行"精简",编辑会推荐4至15条不等的热点新闻,而突发性新闻会被安排在醒目的头条位置上。微软的技术不仅为网站带来了网页设计和界面显示的多种选择和最优方案,更在网络接入服务上提供了远超其他竞争对手的稳定性,"2008年美国总统大选中民主党全国代表大会的最后一天,几乎所有的新闻网络,尤其是视频传播,遭遇严重堵塞。曾经和YouTube一起开创性地联袂直播初选答辩会的CNN网站当日浏览量少了700多万,不过,MSNBC网站的浏览量仍然高达8 420万人次"[①]。MSNBC之所以能够在众多传统电视转型的互联网网站中脱颖而出,对互联网技术的高度重视和充分利用可谓功不可没。

---

① 王晓红,张澜夕.MSNBC网站的信息整合模式及其思考[J].现代传播,2009(6).

2012年7月,微软公司与NBC正式宣布结束两者之间在互联网业务上的合作,但二者仍保持友好的互助关系:NBC向MSN提供新闻信息,MSN为NBC引入流量,MSNBC则由NBC独立运作。作为拥有网络媒体大力支持的有线电视新闻频道,MSNBC在媒介融合背景下的新媒体转型十分积极。其中较有代表性的是2015年,MSNBC在脸书上推出的早间突发新闻和晚间新闻回顾两档新闻栏目,专业的采编工作流程与社交网络的结合为MSNBC吸引了更多的年轻观众。

(2)媒介融合的"Hulu模式"

由于在线视频网站的迅速崛起,传统广播电视媒体的影视市场遭受了巨大的冲击。现代社会中各个媒体的主要受众群体已经逐渐向被称为"互联网一代"的年轻人转变,而这些年轻人的收视习惯早已悄然发生变化,他们更倾向于选择观看在线视频节目,而非收看传统的广播电视节目。2007年至2009年,NBC环球、福克斯广播公司(FOX)、美国广播公司(ABC)经过协商,先后出资参与了Hulu在线视频服务网站项目的建设并将自己旗下众多优势剧集、综艺节目等内容独家授权给Hulu。一些新的电视节目在电视台播出后的几个小时内就呈现在Hulu的用户面前。除了从自己的母公司获得的各种独家授权内容,Hulu还注重与米高梅等内容制作商及MSN等渠道商合作,从内容的制作、引入及播出的渠道两方面开拓新的媒介融合格局。除了传统的美剧、电影之外,来自日本、韩国、中国的剧集也通过Hulu在美国市场进行传播。Hulu的工作很大程度上是在全球的媒介内容中进行有效的资源整合,厘清媒介产品的分类,以方便受众选择观看,并提供在线视频浏览的一站式服务体验。

尽管NBC的本次尝试在传统媒体的业界并不算后知后觉,但是在Hulu创建之时,美国已经如雨后春笋一般地出现了许多互联网视频网站,而 YouTube、Yahoo、MSN 等网站更是早就已经经营多年,拥有相当数量的受众群体和合作伙伴。显然,作为一个新闻媒体"跨界"成立的产物,Hulu 在初期并不被业内看好,众多媒体从业者直接看衰 NBC 的本次尝试,认为互联网时代的旧媒体改变其运营思路和业务格局,试图进入新媒体领域的尝试往往难以成功。但 Hulu 在 2008 年 3 月上线后,当年即取得 1.75 亿美元的全美市场总收入,盈利达到 1 200 万美元。① 2009 年年初,Hulu 一跃成为美国第四大视频网站。2009 年 1 月,尼尔森的调查数据显示,Hulu 的视频浏览量达到 2.3 亿,独立访问人数达到 450 万。至 2014 年度,Hulu 的浏览量达到了惊人的 9.6 亿,仅次于 YouTube。现在的 Hulu 被认为是迄今为止传统电视、电影工业与互联网接轨最成功的案例,因为其实现了对互联网视频巨头 YouTube 的成功挑战。

在媒介融合背景下,在线视频的迅速发展已经严重危及传统电视生存空间。而 Hulu 得以迅速成功的原因,在于其顺应了网络空间中网民已经形成的"免费"消费习惯,并且充分利用自己浓厚的电视媒体背景和正版内容集成优势,开辟了新的盈利模式,获得了网络用户和广告商的青睐。有别于 YouTube 式的用户生成内容(UGC)模式,Hulu 一开始就锁定了"版权内容+视频广告"的清晰的盈利模式。因而当 YouTube 遭遇版权纠纷和商业化瓶颈时,Hulu 的盈利却一帆风顺。Hulu 在正式发布之初,只有网页一个产品,用户打开 hulu.com 就可以免费看到电视台上前一天播放的电视节目。用户只需要看一个 15 到 30 秒的视频广告即可,无需支付任何费用。优质的内容资源、低廉的使用成本和极高的使用便利性,是 Hulu 得以快速发展的重

---

① LYONS D. Old media strikes back[J]. Newsweek,Mar 2,2009.

要保障。

在终端的选择上，Hulu 在网站平台取得丰厚利润回报后，第一时间向多媒体终端布局，积极提升跨终端平台的用户使用体验。2010 年 6 月，Hulu 开发设计的视频订阅服务软件 Hulu Plus 上线，该软件不仅实现了互联网电视机、个人或平板电脑及手持终端的一体覆盖，方便用户通过各种网络终端收看、点播正版电视节目内容，还以不到 10 美元的廉价资费为用户提供 720 万像素高分辨率的电影在线观赏服务。随后，Hulu 又推出了多终端共享会员服务，用户只需付费一次即可在各个媒体平台上收看 Hulu 为其提供的专业内容。而为了提升付费用户的体验，Hulu 又在更多设备上发布了应用。如今，用户几乎可以通过任何媒介接触到 Hulu 的媒体内容，无论是互联网、移动互联网，还是智能电视或者游戏主机，只要用户拥有其中任何一款终端，就可以访问 Hulu 提供给他们的丰富的媒介内容。

在内容资源上，Hulu 一方面坚持正版授权内容，另一方面坚持打造一站式流媒体视频服务网站。众多互联网视频网站最为头疼的莫过于身陷版权纠纷的官司中不能自拔，而这个问题在专注于正版授权内容的 Hulu 面前是不存在的，这不仅为 Hulu 在业界赢得了良好的口碑，保持与负面新闻绝缘，也为 Hulu 保证了更多忠实的受众群体。与互联网视频的领军者 YouTube 专注于互联网的分享性，不生产和制作内容而只做平台的形式相左，Hulu 在建设之初就确定了自身的战略目标，即发挥自身优势，以电视节目内容为主体，建立起互联网领域的一站式视频服务网站。与 Hulu 合作的媒介内容提供者包括 NBC、FOX、ABC、BBC、米高梅、华纳兄弟等。除此之外，为了照顾受众日益多样的需求，Hulu 还和众多的小众内容提供商达成了协议并且尝试自行制作媒介产品，其雇佣专业团队，自主生产了 *The Awe-*

somes、Western Quick Draw、The Wrong Mans、Behind the Mask 等一系列动画喜剧、情景喜剧和纪录片产品。以上所有的内容生产机构产制的正版视频节目都被 Hulu 聚合到自己的平台上来。同时,在提升用户的消费体验上,Hulu 为用户提供了在线点播和搜索兴趣产品的服务,允许用户何时何地都能观看、收藏和发现更新的电视节目。即使一些节目 Hulu 暂时无法提供和使用,用户也依然可以通过其搜索功能在其他网站上发现目标。Hulu 注重优化用户的体现,试图使用户的消费物超所值,为了便于用户分享内容,Hulu 开发并提供了在线视频剪辑功能,用户可以通过电子邮件、社交网站等方式进行传播。

在运营模式上,Hulu 采用广告分成模式。对于广告的选择,Hulu 尝试将广告和视频融合起来,获得了用户的接受。相对于传统生硬的直接添加广告的形式,Hulu 将这一步骤当作自己的责任和内容生产环节的一部分来处理。Hulu 十分擅长广告的内容创新,其推出的很多妙趣横生的故事广告交汇了娱乐、游戏等内容,令企业在获得高广告投放量带来的高额收入的同时,也让广告主获得了预期的广告投放效果。并且,观众被有趣的广告内容吸引,很少因视频中插播的广告而流失。另外值得一提的是,Hulu 对用户体验的注重还体现在其给予了用户在阅览广告方面的选择权。用户可以依据自己的喜好选择如何接受广告,比如是在节目开始前收看较长的广告内容,还是在视频播放过程中插播多个较短的广告内容。另外,Hulu 为用户提供了对于广告内容的评价权利,用户可以投票选出自己喜欢的广告,这些投票结果将为 Hulu 制定下一步的广告策略提供有益指导,进一步帮助 Hulu 根据用户喜好对广告进行筛选,以在良好的使用体验和丰厚的广告回报之间寻求最佳的平衡点。对于优质视频资源广告带来的收益,Hulu 并不是一家独占,而是将其进行三次分配:其中 70% 的收益反馈给核心内容提供商,如 FOX、NBC、ABC、Sony 等媒体公司；10%的收益反馈给内容推广商,如美国在线(AOL)、雅虎(Yahoo)、微软(MSN)、康卡斯特(CMCSA)等门户网站和互联网公司；Hulu 自己则从用户的视听服务费和外围内容合作商的平台收益中获得 20%到 30%的广告分成。① 这一丰厚的利润分成模式又进一步刺激了内容供应商为 Hulu 提供更多、更优质的音视频内容,形成良性循环。

"Hulu 模式"最大的意义在于它成为传统广播电视媒体走向媒介融合、依托自身优势主动与互联网新媒体正面交锋的领头羊。相比美国,中国媒介融合起步相对较晚,媒体环境也与美国存在较大差异,但是 Hulu 在媒介融合方面的探索对于中国广播电视媒体的媒介融合实践仍然具有不错的参考价值。在盈利模式上,Hulu 有着清晰明确的"版权内容＋视频广告"模式；在终端覆盖上,Hulu 投入大量资金进行研发,为用户提供了几乎囊括所有多媒体终端的"无缝"的视频观看体验；在内容资源上,Hulu 坚持正版,充分发挥 NBC 在广播电视领域积累的充分的内容资源,并用丰厚的利润分成和良好的受众基础吸引大量优质内容的提供商；在广告选择上,Hulu 提高广告质量和创意,充分注重用户体验,接受用户反馈。这一系列的特点使得 Hulu 从诞生之初就迅速吸引了大量的互联网用户,取得了商业上的巨大成功,为 NBC 环球带来了巨大的利润回报。"Hulu 模式"也表明,在日新月异的媒体产业变革中,对于传统的广播电视媒体而言,进行创新才是唯一出路。对于中国的广播电视媒体,在媒介融合的媒体变革中,这种以新兴的互联网内容分发渠道建设为重点,继续巩固和发挥传统广播电视媒体长期累积起来的内容优势和品牌优势,也不失为一种可行的

---

① 杨状振.美国视听新媒体产业发展现状[J].视听界,2015(1).

创新发展模式。

3. NPR 的媒介融合实践

美国国家公共广播电台(National Public Radio,以下简称 NPR)成立于 1970 年 2 月 24 日,开播于 1971 年 4 月,是一家不接受官方拨款的完全独立的广播机构。除了传统的广播业务之外,美国国家公共广播电台在播出渠道等方面进行了包括网站、移动客户端、车载播放器等一系列尝试。根据 2016 年 3 月的统计数据,NPR 在美国拥有 950 个成员台;拥有 828 名职员,其中新闻部门职员 356 人;拥有纽约分部、波士顿分部、达拉斯分部等 16 个本土分部和北京分部、柏林分部、伦敦分部等 17 个海外分部;每周收听所有 NPR 电台的听众数量约为 3 360 万人,每周 NPR 官方网站的访问人次约为 3 520 万次,每周 NPR 播客的下载量约为 310 万次。目前,该 NPR 已发展成全国性公共广播网,其节目以新闻专题和人物访谈为主,文艺类和体育类节目也占一定比重。NPR 为全国约 10% 的人口提供广播服务,是美国国内收听率最高的广播电台。据统计,NPR 的听众有 60% 以上的人受过大学教育,75% 属于中高等收入家庭。[1]

当今全球各国的广播业主要采取三种不同的体制:国营广播、公共广播、商业广播。在以商业化广播为市场主体的美国广播业中,NPR 独树一帜,成为美国公共广播的代表。而与英国、加拿大、法国、日本、德国、意大利、澳大利亚等国家公共广播电台相比较,NPR 在资金来源上也有所不同。与其他国家公共广播大部分依靠收取收视费、牌照税或是有限地经营广告而获得的营收作为资金来源不同,NPR 的运营资金不依靠广告运作,而是由民众自愿捐助和自主知识产权节

---

[1] 赵英淑.美国媒体是这样"融"的[J].中国传媒科技,2017(5).

目销售收入构成。

媒介融合时代，NPR 也面临来自其他广播电台、其他传统媒体和新媒体的激烈的竞争压力。因此，NPR 需要努力提高媒介内容质量，提高传统广播的收听率；在经营传统广播业务的同时，NPR 也需要进行新媒体领域的开拓，提升数字平台上的用户数量。为此，NPR 进行了以下几方面的媒介融合实践。

(1) 数字化转型战略

虽然 NPR 的传统广播业务在全美一直处于领先地位，但是面临互联网新媒体带来的竞争压力，NPR 每年的利润并不乐观。由于依然担心未来广播业会面临像报纸行业那样受众和利润断崖式下滑的危机，NPR 一直非常坚定地进行媒介融合和媒介转型的尝试。NPR 的历任总裁都致力于推动 NPR 在新媒体时代的转型发展，他们一致主张：广播听众大量流失前的这段时间对于 NPR 的转型来说十分宝贵，探索和研究新受众——即习惯于使用电脑、手机及以及车载音视频播放器等接收新闻服务的受众的媒介使用习惯是十分必要的。[①]

NPR 最重要的措施是推动自身的数字化转型：充分关注并利用互联网、车联网等技术的发展，打造全新的媒介内容产品，为用户在不同环境下的媒介使用量身定做音频等多媒体内容。这些尝试帮助 NPR 实现了从单纯的广播平台向全媒体公司的身份转变。近年来，NPR 开展了多样的数字化转型尝试，如对媒体网页进行升级、开发移动客户端，以及对从业人员进行全媒体培训等，2014 年 NPR 在数字

---

① FOLKENFLIK D. "New York Times" hires former NPR executive to lead digital push [EB/OL].（2014-11-25）[2018-05-07］. http://www. NPR. org/blogs/thetwo-way/2014/11/25/366546456/new-york-times-hires-former-NPR-executive-to-lead-digital-news-push.

化媒体方面的投入达到了1 883万美元。①

(2) 播客

2005年,在苹果公司推出 iTunes 软件后不久,NPR 就推出了播客(podcast)服务。刚推出播客服务的时候,NPR 只是借助苹果公司和雅虎公司的网络发布平台,按照播出日期把 NPR 和其成员台制作的170多个传统广播节目的音频完整上传。听众只能找到完整节目,无法根据个人喜好检索、选择节目中的特定内容。后来,为使用户可以更方便地点播音频,NPR 编辑人员根据听众的建议,按节目报道的问题和版块切割节目音频,并为切割后的音频设定关键词,供点播的内容多为"短音频",并大多配有相应的文字、图片或视频,使得用户能根据自己的爱好搜索特定节目片段。

利用播客服务,听众可以搜索、在线收听和订阅自己喜欢的当期或往期节目。在节目更新时,听众会收到下载提醒或者设置自动下载,将节目下载到本地的电脑、手机、iPod 等具备数码播放功能的电子产品中,随时随地进行收听。NPR 最具代表性的 *Fresh Air*、*TED Radio Hour* 等播客节目曾登上 iTunes 所有播客排行的前列。而即便是在近年新兴媒体强烈冲击传统媒体的背景下,NPR 在2013年还创下了单月下载播客数量超过3 000万次的纪录。

(3) 网页程序和 API 接口

NPR 成立了专门的编程团队,负责以新闻报道、调查数据、媒体资源为基础开发网络工具和应用程序,其目的是整合多媒体传播渠道、增加新闻资源的效益产出、扩大对公共服务的覆盖面,进而全面提升社会影响力和媒介市场份额。以该团队于2013年12月在 NPR 音

---

① Public Radio Finances[EB/OL].(2018-04-08)[2018-05-07]. http://www.npr.org/about-npr/178660742/public-radio-finances.

乐频道网站制作的名为"怀念:2013年逝去的音乐家和艺人"的网页程序为例,该程序集成了音乐、文本、图片和链接,人们可以逐页阅览艺术家们的影像资料和相关报道,收听他们的代表作品,还能通过链接扩展浏览,这很好地展现了网页程序的融媒体特性。①

此外,NPR还在尝试运用应用程序的编程接口(API)增强成员台的竞争力。应用编程接口是特定系统或程序为第三方开发者提供的编程接口。NPR的成员台可以通过NPR的授权,使用该API接口获取NPR已经制作好的新闻内容,将其发布到自己的新闻网站上,以吸引当地的听众。通过这种方式,成员台可以更快速,同时又更高质量地为自己的网站增加内容,同时这些增加的内容并不是简单地对NPR的内容进行复制粘贴,而是具有和成员台网站新闻内容同样的外观和样式。成员台网站的访问者点击使用API接口获取新闻时,网页会自动跳转到NPR的新闻网站上,这不仅提高了成员台网站新闻内容的质量,增强了成员台网站的竞争力,也使NPR获得了由成员台带来的网站流量,实现了互利互惠。

(4)移动客户端

NPR根据不同的移动设备的特点,量身定做了不同的客户端。"苹果平板电脑版在苹果手机版基础上强化了电台搜索功能,除按照邮政编码查找以外,还增加了按城市名、州名和电话区号查找电台的新功能","安卓版的基本功能和内容虽与苹果手机版相同,但取消了'新闻''节目''电台'等分类标签,转而采用下拉菜单来进行内容转换"。②此外,NPR还率先联合汽车生产厂商福特汽车公司,在2012年发布了车载客户端语音控制链,成为首家发布车载客户端的广播机

---

①② 钟鸣.新媒体为广播注入新活力——美国国家公共电台新媒体应用研究[J].中国广播电视学刊,2014(5).

构,实现了对车载移动互联网的提前布局。通过这一多媒体语音交互系统,NPR 的各类新闻客户端实现了和车载智能平台的对接,汽车驾驶员可以一边驾驶,一边使用语音操控客户端,对播放的内容进行查找、选择和控制。

NPR 数字化转型战略的实施利用 NPR 自身传统广播内容资源的优势,对诸多新媒体业务进行了尝试,走在了美国传统媒体媒介融合和媒介转型的前列。除了实施数字化转型战略之外,NPR 还对集团的组织结构进行了一系列调整,以适应媒介融合的发展。

(5)新闻编辑部门一体化

2014 年 7 月,NPR 的新任 CEO Jarl Mohn 说:"数字化是我们的现在,也是我们的未来,我们必须出现在听众在的地方,我深深地赞同数字化。"[1]在强调数字化对于 NPR 的战略重要性的同时,Jarl Mohn 对集团的组织架构进行了调整。

在集团的运营和管理方面,NPR 的总裁下面分设主管宏观战略、受众开发、新闻、节目的四个副总裁,分别分管公司战略和数字化媒体、数字化服务的研发,品牌营销、公共关系和各平台用户,新闻制作编辑部门,节目购买、评价和研发四个主要板块的业务。从集团的管理层架构的调整中我们也不难看出,NPR 已经把数字化媒体提升到了最高地位,将数字化媒体研发和企业战略挂钩,并和企业的营销、节目内容制作等一起放置到了同一管理层级,足以显示 NPR 对数字化战略的重视。

此外,NPR 也于 2014 年 4 月对新闻编辑部门进行了重组改革,打

---

[1] FOLKENFLIK D. In forcing out senior executive, new CEO Mohn puts stamp on NPR [EB/OL]. (2014-10-17) [2018-05-07]. http://www.npr.org/2014/10/17/356998435/in-forcing-out-senior-executive-new-ceo-mohn-puts-stamp-on-npr.

造了一个广播和数字化平台一体化生产、多平台发布的新闻编辑部。NPR 在主管新闻的副总裁下设置了新闻部门的执行主编、数字化媒体编辑主管和新闻节目的执行主管,主编与主管密切合作,决定媒体的报道内容、由谁来报道、在哪个平台发布,并协调相关新闻采编部门工作人员的合作。在主编与主管之下,建立了包括科技类、艺术类、商业类、国际类、国内类、华盛顿类在内的六类内容枢纽,每个枢纽具有多平台协作的特点,能把负责同类内容的记者、编辑等工作人员整合在一起。在这六个内容枢纽外,NPR 又组建了专门的数字化内容团队,细分为社交媒体组、视觉团队、主页团队、网页应用团队四个工作组,他们与六个内容枢纽的成员密切协作,将对各内容枢纽采集、加工后的内容,针对不同平台的特点进行发布,在不同的数字化平台上实现多媒体呈现。

(6)员工数字化培训

更好地实现媒介融合和媒介转型,离不开媒介企业的一线员工对企业转型目标的理解,以顺应企业对工作流程和组织架构的调整;同时,也离不开员工主动提高自己的工作技能,从融合媒介和转型媒介的视角重新考虑新闻的制作流程,采取全新的新闻叙事手段以吸引新的受众。在这方面,NPR 主要是利用基金会的资金赞助对企业员工进行多年度、大规模、系统化的数字化培训,提高员工的整体素质,以推进企业转型。

近几年来,NPR 多次收到奈特基金(Knight Foundation)的赞助资金,用以支持包括员工数字化培训在内的多个项目。通过一系列行之有效的培训,虽然不是每个 NPR 的工作人员都变成了"全能记者",但是 NPR 的新闻采编团队具备了数字化媒体和媒介融合报道的基本素养,不仅拓宽了员工对于数字时代传统广播的认识,而且使采编队伍能够从不同媒介的特点去考虑报道内容的采集、编辑和呈现,并且通过团队内分工不同的成员进行媒介内容的协同生产。

NPR作为美国公共广播的代表,因为需要强调媒体对于公众的利益,所以具有独立于政府和非商业化的特点,这意味着NPR的资金来源既不能依靠政府,又不能依靠传统媒体广告收入。因而,在互联网新媒体对传统广播业务的冲击下,NPR极易面临资金短缺的问题。正是这样的资金压力,使得NPR早早地意识到了互联网新媒体可能对媒体行业带来的变革,早早地开展了媒介融合和媒介转型的尝试。NPR在转型前所面临的诸多困境,与我国传统广播电视媒体在面临新兴媒体冲击时商业广告收入减少、政府财政支持不足,同时又需要担当宣传与舆论的喉舌、保证党和人民的利益的处境是有着相似之处的。而NPR在这样的情况下,通过数字化转型战略、新闻编辑部门的一体化、员工的数字化培训等多种措施,成功地从一家只拥有传统广播业务的公共媒体,发展为拥有传统广播网络、NPR官方网站、播客、APP、应用程序接口、社交媒体、车载媒体等布局的综合性公共媒体,走在了美国传统广播媒体媒介融合和媒介转型的前列。因而,NPR的媒介融合实践对于现今我国传统广播电视媒体的媒介融合改革有着相当高的参考价值。

二、欧洲主流媒体的融合发展历程

1. 英国BBC的融合创新

英国广播公司(British Broadcasting Corporation,简称BBC),成立于1922年,总部设在英国伦敦,是世界上历史最为悠久的国家级广播组织和最大的广播机构。英国广播公司依照"皇家宪章"成立,在其与英国政府文化、媒体和体育部的协议框架下运行。其资金主要由年度电视牌照费提供,这些费用由任何使用设备接收电视节目的英国家庭、公司和组织交纳。牌照费额度由英国政府确定,经议会同意,用于为英国广播公司覆盖的英联邦下各国和地区的广播、电视和在线服务提供资金。自2014年4月1日起,这笔费用还资助BBC以28种语言播出的全球广播。

从20世纪80年代开始,有线电视和通讯卫星的发展已经冲击了英国的公共电视行业,BBC的观众人数开始逐步减少。进入21世纪以来,面对以互联网技术为代表的新媒体的影响,2006年BBC提出了"创造未来"计划,明确了媒介融合的目标。在这一计划中,BBC提出其建设目标不是一个带有新媒体平台的传统广播电视媒体,而是一种全新的广播电视模式,能主动适应用户的需求,紧跟传播技术的发展要求,成为提供视听节目和以信息服务为主的新型传播平台。这就要求BBC完全扫除之前各播出渠道之间的藩篱,融合建设一个供频道间、渠道间交流的共同的传播平台及内容生产体制。我们可以从几个方面深入了解这一机制。2010年,BBC成立了技术部门——信息系统与技术部,专门负责电视信号数字转化器、数字直播、宽带有线网络等新技术的研发,为BBC推动新媒体战略提供技术保证。现在的BBC已经成为拥有卫星、有线、IPTV、移动等多种数字模式的电视广播平台,成为新媒体领域不可忽视的力量。

BBC媒介内容的生产流程发生了巨大的变化,传统的内容生产模式是一个由制作、传输到最终被用户消费的单向链条。但随着新媒体时代的到来,受众的反馈成为媒介行业在生产内容时无法忽视的重要因素,因此BBC在生产领域引入了用户反馈信息,以用户感受为标杆随时调整媒体的内容生产,以向用户提供更贴合其喜好的内容产品。

BBC 对自身的组织结构进行了大刀阔斧的改革,在原有的以频道为单位的组织结构下,各部门间信息交流不畅、工作效率低下。重组之后的组织结构打破了原有的部门间的界限,充分整合内部资源,形成了一个巨大的跨媒体的全媒体新闻中心。在"大编辑部体制"下,BBC 统一调配、共享新闻资源,实现了新媒体业务与传统媒体业务相协调的一体化运营。完成的新闻内容制作可以同时应用于多种媒介形式,投入人力和其他资源所获得的效率也由此大大提高。原 BBC1 台的几档王牌新闻播报节目《一点新闻》《六点新闻》及《十点新闻》和 24 小时新闻频道现在共享一个制作班底,避免了之前"同室操戈"的内部消耗问题,实现了新闻素材在当天的循环利用。同时,BBC 还斥巨资开发社交媒体。由 BBC Online 到 iPlayer,再到 BBC News 移动客户端,BBC 先后推出了多个交互性强的平台,以促进用户对其内容产品的共享与转发。其中,BBC 开发出的 iPlayer 是 BBC 媒介融合成功的一个最好的例证。

BBC iPlayer 是由英国 BBC 推出的一个视频节目分发平台,它可为智能电视(smart television)、个人电脑、手机等多种接收终端提供媒介内容。对 iPlayer 的探索和建设体现了 BBC 在媒介融合时代为拓宽发行渠道所进行的努力。BBC iPlayer 最初是作为在线视频暂存服务于 2007 年 12 月推出的,它可重播过去七天的 BBC 视频节目。2008 年,BBC 推出了一个基于用户反馈基础上的 iPlayer 版本,这一版本将电视版 iPlayer 与广播版 iPlayer 组合到一起,被称为"iPlayer 2.0"。2010 年推出的"iPlayer 3.0"将 Facebook、Twitter 等社交媒体整合进去,进一步扩大了 iPlayer 的覆盖范围。2015 年,BBC iPlayer 开始采用 H5 标准,这一形式进一步强化了 iPlayer 与网络媒体的兼容度,提升了用户的使用体验。当前的 BBC iPlayer 不仅是一种简单的延迟播放软件,而且是传统广播电视与新媒体实现内容链接的实质性平台。目前,BBC 多数广播电视节目都可以通过这一软件实现 30 天节目内容的任意在线点播或下载收听、观看。①

历史悠久的传统媒体在如今媒介融合的大环境中应该如何思考、如何行动,BBC 的一系列做法无疑像其在过去近一个世纪中的表现那样,为其他处在转型期的迷茫和挣扎中的主流媒体做出了表率。在愈发激烈的媒介市场的竞争当中,BBC 不仅保持了一贯的新闻公信力水平,更凭借其开发的 iPlayer 高度适配现代人的生活方式,参与到了受众时间观念的重组进程当中,再度成为众多的 BBC 用户生活中不可或缺的一部分。

2. 俄罗斯 RT 的融合创新历程

今日俄罗斯(Russia Today,简称 RT)是由俄罗斯官方资助的国际电视网。它运行有线和卫星电视频道,目标受众群体是俄罗斯境外的观众,提供包括英文、西班牙文和俄文在内的各种语言的互联网内容。RT 国际总部设在莫斯科,提供 24 小时新闻公报、纪录片、谈话节目、辩论节目、体育新闻和文化节目,旨在提供"俄罗斯对于全球重大事件的观点"。RT 主要以三种语言进行传播:2005 年推出英语频道,2007 年推出阿拉伯语频道,2009 年推出西班牙语频道。RT 美国(自 2010 年起)和 RT 英国(自 2014 年起)为这些国家和地区提供一些本地化的内容。近年来,RT 更是将全媒体确立为自己发展的方向。

完全数字化的制播体系为 RT 的战略扩张提供了便捷的条件。RT 成为 YouTube 最大的新闻视频提供商。2013 年,RT 在这一平台

---

① WATT &. TAYLOR D. Rolling out 30 day programme availability on BBC iPlayer[EB/OL]. (2014-10-05)[2018-05-07]. http://www.bbc.co.uk/blogs/internet/posts/RoU-ing-out-30-Day-programme-availabilitg-on-BBC-iPlayer.

上已经拥有十亿以上的点击量,广告营收已逾 50 万美元。2014 年,RT 宣布与 YouTube 展开合作,在其平台上开放专门的新闻、纪录片、电视节目等播放窗口。

数字化的采制编播体系为 RT 在各平台之间的内容转换和多渠道播出提供了方便,在将视频产品放到 YouTube、Twitter、Facebook 等社交平台之后,RT 拥有远超西方主流媒体的关注者,品牌影响力取得了质的飞跃。在 RT 管理者眼中,当下热衷于使用社交媒体的年轻一代是未来社会的中坚力量,因此 RT 的诸多品牌战略也往往是针对活跃在社交媒体中的年轻人而制定的。

RT 第一次帮助俄罗斯在激烈的媒体竞争中打败西方是在乌克兰战争报道中。众所周知,在西方媒体占据全球传播主导权的情况下,自俄罗斯颜色革命以来,无论是车臣战争还是俄格战争,整个俄罗斯的国家形象都受到了极大的损害。但 RT 的一系列新闻报道无疑一定程度上为俄罗斯在传播领域扭转了战局。在乌克兰战争中,RT 成为远远超过其他西方媒体的最重要的信息源,其新闻报道被各国媒体大量转载。

自从 2005 年建台以来,RT 以其专业的制播能力在全球传播竞争中争得了席位,而且以其独有的新闻视角和不盲从欧美的政治立场在亚洲、欧洲等赢得了大量关注,在国际传播领域获得越来越多的话语权。当下,RT 已经在全球 100 多个国家拥有六亿观众,并在欧洲、北美获得了让人不可小觑的收视率。继在传统播放渠道取得不错的成绩之后,RT 的新媒体转型也受到全球瞩目。

对于 RT 等起步较晚的媒体而言,全球媒介环境的变迁使它们有机会超越传统的大型国际传播媒体。这是因为新兴媒体为它们提供了接近全球视听受众的绝佳机会,而不必像从前那样依赖在不同国家的落地和依靠长时间积累的受众来获取收视率。通过与YouTube、Facebook、Twitter等社交媒体进行合作,今日俄罗斯得以与受众进行直接的互动交流,这为其构建一个多元化的传播系统提供了基础。[①]

当下,RT已经走在了媒介融合背景下媒体转型发展的前列,从传统电视媒体到移动客户端,再到社交网络,RT在提高自身产品质量、增加品牌影响力和拓宽传播渠道、推广传播内容两个方面齐头并进。在媒体融合的背景下,RT开办的FreeVideo网站为全球185个国家的16 000多个电视频道和新闻机构提供免费的视频下载服务,包括CNN、FOX新闻网、美联社、路透社等,并在此基础上成立短片新闻通讯社RUPTLY,有偿提供来自全球所有热点地区的实时和存盘视频新闻内容。[②] 此外,RT还在官网上提供Facebook、My Space等多项服务,为网民的推广、链接提供技术支持;同时,在Facebook、Twitter等社交网站以及Instagram图片分享网站上建立自己的频道。如今,RT不仅成为Twitter最大的新闻供应商,每年还可从中获得超过150万美元的收入。

三、亚洲主流媒体融合发展的历程

日本放送协会(Nippon Hoso Kyokai,简称NHK),1926年由日本当时的三家大型广播电台——东京广播电台、大阪广播电台和名古屋广播电台合并而来,是日本第一个全国性广播电台组织。作为一家国有的公共电视台,NHK的运营费用几乎全部依赖于观众支付的电

[①] 谢新洲,陈春彦.新型媒体与国家软实力战略——"今日俄罗斯"(RT)的发展与启示[J].智库理论与实践,2016(1).
[②] 苏晓春."今日俄罗斯"最新发展趋势及启示[J].电视研究,2015(6).

视执照费,这也保证了 NHK 在面对商业力量时具有一定的独立性。它不必像其他的商业频道那样不得不向商业资本妥协以换取广告费用维持自身运营,同时,这也保证了作为公共电视台的 NHK 能够较好地保护公共利益。

目前,NHK 运营着两个地面电视服务(NHK 综合电视和 NHK 教育电视),两个卫星电视服务(NHK BS-1 和 NHK BS Premium)以及三个广播电台网(NHK 1 台、NHK 2 台和 NHK FM)。NHK 还以 NHK World 提供国际广播服务,这项服务由 NHK World、NHK World Premium 和短波广播服务 RJ 组成。NHK 旗下众多的媒介形式和其公共电视台的定位有助于 NHK 更好地参与到媒介融合的进程之中,如今,NHK 的很多节目已经可以便捷地在互联网上检索获取。NHK 拥有众多的融合选项,同时较少涉及商业利益的分割问题,保证了日本放送协会媒介融合的进程,使得其传播效率大大提高。

依托政府推动的媒介融合进程,NHK 很早就开始推动传统媒体和新媒体的融合。一个较为明显的例子就是日本手机的融合进程。在手机成为生活必备品之后不久,传统媒体已经试图将势力延伸至手机领域,将电视节目推送到手机平台上以避免用户被移动互联网的新媒介内容分流。而日本手机网络的快速和稳定也为这一融合进程提供了重要保障。信息的个性化传播需要大量的原材料作为基础,还需要能适配不同信息接收终端的信息输出形式。NHK 针对这两点进行了很多技术开发。在内容产品的制作方面,NHK 运用了信息内容数据库技术及将各地网络连接起来的通讯技术;在信息接收终端方面,NHK 开发了针对手机用户的手机电视、针对视听残障人士的特殊广播电视,以及针对国外用户的多语种网站等。

"U-Japan 政策"是日本总务省在 2004 年提出的,旨在着力发展以信息和通信产业为支柱的新媒体产业,将日本构筑为"Ubiquitous 网络社会"。为了实现这种网络社会建构的重要目标,日本不断加快信息网络设备与设施的全面升级,试图通过数字化、网络化与 IP 化,推动新旧媒介的有机融合。在这一过程中,互联网的"媒介一体化,功能一体化"趋势日益显著,形成了面向不同服务的平台。

1. 抓住手机用户,开发 One-Seg 平台

日本 One-Seg 项目的基础是日本电信运营商对于移动终端厂商的极大话语权。在电信运营商的定制手机内,手机等移动终端厂商被要求内置 One-Seg 模块。这使得 One-Seg 在很短时间内即可覆盖到绝大多数手机终端,从而培养了用户的手机使用习惯。

One-Seg 不仅成为日本手机的必备功能,同时还十分强调多终端接收器的开发。这种开发多种终端的特点为用户提供了丰富的选择,从而对于新用户的普及产生了积极影响。一开始手机端只能够与电视端播放同样的内容,但 2008 年 4 月修订施行的《放送法》放松了对统一内容的规定,更加适应 One-Seg 特性的信息内容被大量制作和播出。2009 年,NHK 开始依据手机电视的传播特性制作不同于传统电视渠道的媒体内容,并开发了一系列教育、综艺节目对 One-Seg 专门播放,这使 One-Seg 对广大用户具有了除移动便携之外新的独特吸引力,对于 One-Seg 的普及具有明显的推动作用。One-Seg 的主要特色是可将电视节目收视和移动便携融合到一起,为 NHK 的转型发展提供了一种可能。

One-Seg 的广播节目主要播放文字内容,如新闻报道、天气情况、交通实况等便于以文字呈现的内容。文字广播除了这些独有的内容之外,还有众多针对电视节目的补充内容。虽然这些移动端数据广播同传统的电视节目有一定的联系,但是更多程度上还是专门针对移动

端设计的,因此其内容与家庭收视的数据广播有一定区别。电信运营商和电视台合作推出了一系列互动性的服务,充分利用了移动终端的媒介特性。众多的抽奖、问答、热线等节目在一定程度上满足了用户的愿望。

2. 重视网络,打造全媒体平台

简单地在平台间进行内容的复制往往不能满足媒介融合的需要,而盲目地放弃传统媒体的业务投向新的领域也并不是负责任的选择。NHK利用网络层面的战略选择可以为后来者提供一定的参考。NHK利用网站直播部分广播电视节目,并发布节目预告,因而网站更多时候是作为目录出现的,其作用也不过是引导受众收听、收看传统媒介的节目;同时,为了保证网站这个"目录"的全面性,NHK积极整合信息资源,将网站做成一个超大的数据库,保证了用户检索和搜寻的体验,强化了用户对网站的认可和依赖。

日本新闻传播学界和业界普遍认为"TV Everywhere战略"将是未来电视发展必由之路,NHK的世界频道已把这一观点付诸行动。"TV Everywhere战略"于2009年由美国CMCSA与时代华纳公司等提出,指用户对电视节目的收看不仅可以通过传统的电视机完成,而且也可以通过互联网、手机客户端等实现,这被视为媒介融合时代传统电视媒体应对新媒体冲击的一种有效战略。

NHK World TV实行的"TV Everywhere战略"包括"传送方式多样化"以及"接收方式多样化"两种措施。频道通过有线电视网CATV、网络电视IPTV以及互联网传送节目,用户通过电脑、智能手机、平板电脑等终端来接受信息。

NHK World TV在互联网上的发展主要以环球网为平台。2009年,NHK和环球网展开合作,用户可在NHK环球网同步观看电视频道的节目,这种合作形式为 NHK World TV 增加了播出渠道,使其受众数量快速增加。在对东日本大地震的报道中,NHK 环球网成为全球人民了解地震灾情的窗口。

对移动客户端的开发是"TV Everywhere 战略"的关键之一,NHK World TV 打出口号"Closer to you,anywhere,anytime"(随时随地,与你更近),从 2010 年起至今,NHK 开发的 APP 已覆盖 iPhone、iPad 以及 Android 等移动终端。

"TV Everywhere 战略"是 NHK 世界台未来发展的关键策略。在过去的探索中,NHK 已经意识到新媒体的发展正在重构整个媒介生态,新的媒介技术消弭了受众信息接收渠道之间的等级差别,打破了国际传播中的地域藩篱,对新媒体传播渠道的创建和发展是传统广播电视媒体转型发展的必由之路。当前情况下,NHK World TV 的新媒体发展路径已日渐成型,未来在此基础上继续打造全媒体平台的尝试是可以预见的。

3. 重视用户参与,调整内容生产方式

在日本,传统电视业与社交网络的媒介融合,基本是指通过社交网络有效进行电视相关信息内容的发送、共享、扩散,以及节目宣传等活动,并利用社交网络内受众的反馈信息进行节目指标化探索的行为。日本东京申办 2020 年奥运会成功之后,为了让奥运会的实况得到世界的认可,日本电视行业加速了媒介融合转型,从利用社交网络开始转变,在各个不同的领域内进行尝试。[1]

智能手机在日本的高市场占有率,以及日本受众对智能手机的强

---

[1] 朴银姬.浅析媒介融合与融合媒介的差异——以日本媒介为例[J].新闻研究导刊,2013(10).

依赖程度,使得日本电视业十分重视将电视节目的收视效果与社交网络的共享与扩散功能结合起来的思路。2012年,日本电视业将数据传播与Facebook进行整合,推出了"Join TV"服务。通过"Join TV"使电视与社交网络进行融合,借助智能手机的第二屏幕,受众可以与朋友们一起参与电视节目中诸如派发礼品等各种活动,受众可以参与电视相关信息内容的发送、共享、扩散。而对于电视业来说,通过整合受众在社交网络中的反馈信息,又给赞助商们带来了意外的商机,同时也为电视节目指标化探索提供了改善的依据。[1]

目前,日本电视业积极建立关于这些受众反馈信息的"日记平台",已经能够通过技术手段收集这些数据,但问题是这些相关数据要怎样处理才能转换成经济利益,而且由大数据分析进行的数据挖掘到底能获得怎样的商业价值,这些问题的答案目前还是未知的。而且,要将这个结果用于日本电视业的发展,人们是否能接受电视业的这种转变也是不可猜测的。此外,要提升电视业与社交网络的融合,并想要借助于此产生经济利益,必须要依托大量的受众反馈信息才能实现,所以平台的建立是必不可少的,而建立这种平台,就会使日本电视业面临巨大的困难,因为这涉及经济利益分配与调整方面的问题。同时,受众个人信息的保护方面也要受到重视,这种个人数据的处理需要在相关的个人信息保护法的配合下才能完成。

另外,日本电视业于2014年2月在日本各地依次推出与电视节目相关联的APP程序"Sync Cast"。只要下载这款APP,受众就可以通过智能手机接收到正在播放的电视节目中介绍的商品及其店铺的相关信息,而且可以通过点击地图的搜索引擎功能直接找到店铺的位

---

[1] 龙一春.20世纪90年代后NHK发展战略的变化[J].现代传播,2006(1).

置,有一些店铺还附带了预订座位的服务。其实,普通日本民众看到电视广告之后,也可以简单地通过日本 Yahoo(雅虎)或者 Google(谷歌)进行检索,但是这样一来,电视媒体就无法得到经济利益了,可是利用"Sync Cast",受众自己不用操作,通过智能手机在广告弹出的时候也可以轻松地完成这样的检索。① 而且通过"Sync Cast",电视节目及其电视广告的信息还能够保存在智能手机里,即使在电视节目播放后,受众也能够再找到这些信息并加以利用。这也有助于电视节目原始数据的保存,而这些数据现在正在被一些知名的媒介调查公司加以利用,用来拓展新的业务增长点,未来关于这方面的经济利润在目前阶段是不可预测的。利用"Sync Cast",通过受众智能手机里面的收视履历,就可以推断受众的收视态度、倾向以及某一节目受众人群的特点,由此应用于广告的开展与推进,有利于电视台从市场角度更科学地把握节目制作的方向。由此可见,日本电视业与社交网络的媒介融合,是以更新颖的接收方式去发展的。日本电视业从 2012 年开始,逐步展开关于受众参与度及满意度的实证研究。而社交网络今后将会逐渐走进受众分析的视野,从电视节目制作的指标化探索,到以电视节目品质评价标准为目的的指标化建立,在电视业与社交网络媒介融合的今天,这些努力都在向现实靠近。日本电视业将继续追赶最新的发展动向,将这种媒介融合深化下去。

一直以来,受众都是媒体传播中重要的一极,网络出现后,受众的主动性空前提高,以至于我们更习惯称之为用户。NHK 一方面逐渐增加以用户为主角的节目,如演唱会等,另一方面增加用户自己创作的节目,如用户利用 One-Seg 发布的文字、图片、音视频信息等。

---

① 范颖,梁雅诗.日本电视业与社交网络的媒介融合现状[J].当代电视,2015(6).

NHK 的 World 中文网特设受众参与栏目,邀请中国网民参与到国际事件的讨论中。这不仅保证了用户的参与,提高了用户与媒体间的黏合度,还为媒体的节目生产提供了无限的可能性。有多少用户,就有多少潜在的内容生产者,这种内容生产方式的转变是革命性的,值得我们借鉴。

第二节　国外主流媒体融合创新的经验

在对几个典型的外国主流媒体融合创新的历史、现状进行梳理之后,本节将从理念与策略、组织机构、内容资源、终端覆盖和渠道五个具体的方面对国外主流媒体融合创新的经验进行总结。

一、理念与策略

通过观察大量国际社会中主流媒体积极适应媒介融合新环境的事例,我们可以发现,从根本上修正媒介经营的理念和从全局上调整媒介运作的策略是极有必要的。改变原有的运作理念,目的是彻底贯彻实施主流媒体的融合创新战略,在融合媒介大潮的冲击之下,主流媒体不能抱有侥幸心理,以得过且过的心态试图在媒介环境中仅仅维持生存。当前我国主流媒体的地位和影响力依旧存在,但是为了更好地完成党和人民所赋予的使命,各主流媒体更应当与旧的传统媒介理念告别,积极投身到"互联网+"环境中,投身到依托各新兴技术建立的媒介理念当中,在利用技术发展新成果的基础上,实施传统主流媒体向新媒体倾斜转向的策略。放弃主流媒体在原有领域长期的建设成果和成功经验显然是不现实的,某些主流媒体所谓全面迅速倒向新媒体的尝试无疑也是对新闻媒体近几十年工作成果的一种抹杀。但是,为了更好地增强媒介自身的传播力,更好地与用户的媒介基础习惯相匹配,调整传播战略的行为可谓势在必行。

  媒介融合的环境下,各国广播电视媒体均面临着新兴媒体的巨大冲击,因而被动或主动地加入了媒介融合的实践。在媒介融合的高潮中,新闻内容的生产机制和传播机制已出现了根本性的变化。在新闻报道的实践过程中,怎样打破传统媒体和新媒体各自独立运行的状态,运用互联网思维,整合内容生产、终端接收与反馈等环节,形成深度融合报道,维持和保护新闻的价值体系成为当今新闻传播亟须应对和解决的问题。面对新媒体的激烈冲击,传统主流媒体改变原有运作理念,实施融合创新的发展战略已经成为至关重要的一步。纵观国外主流媒体的融合创新历程,打破传统理念、使传统主流媒体向新媒体方向倾斜是其鲜明的特点。在传统的运作理念下,传统主流媒体扮演传者的角色,实施一对多的单向传播,是一种传者主导的传播模式,同时,信息的传播主要依靠广播电视等传统的比较单一的平台和渠道,受众的参与和体验也受到很大限制,因此,在网络技术快速发展的时代,传统主流媒体若不进行理念革新和贯彻融合创新的发展战略,将难以顺应时代的浪潮。放眼世界发达国家,在其主流媒体的融合创新历程中都可以看到传统媒体与新媒体紧密融合的案例,无论是英国的BBC还是美国的CNN,以及日本的NHK,都融入了网络这一关键元素,并与新媒体或者社交媒体进行深入的融合,最终实现了品牌的国际化和传播实力的增强。

二、组织机构

优化传统主流媒体的组织机构是指对组织机构进行重组，打破固有界限，整合内部资源。媒体机构的组织特点关系到其运作的效率，继而对信息传播的效果产生重要影响。在媒介融合的背景下，传统主流媒体要注重对其组织机构的调整和重组，从而使内部资源得到整合，实现效率的最大化。如前所述，CNN 在对其组织机构的调整方面主要是形成了一个"中央厨房"，由各个记者站的记者们将拍摄到的内容分为"精编""粗编"和"多余素材"三种类型，这三部分内容都直接回传到亚特兰大总部的"中央厨房"中，由"中央厨房"负责将所有素材做成风格各异的"菜肴"，以供各个频道、各制作中心根据自己的实际需要随时选用，从而优化了采编系统。同时，CNN 还组建了专门的工作小组负责不同频道、平台之间的协调，另设专职的主任负责协调这些不同的小组之间的合作。此外，CNN 还有一个自己的制作小组和应对突发新闻的小组，专门负责为重要新闻事件搜集素材。整体而言，媒介融合的背景下，CNN 很注重对采编人员全媒体采编能力的培养，致力于构建一支能担任全媒体传播任务的采编队伍。

而英国的 BBC 也为我们提供了主流媒体融合创新的有利借鉴。过去的 BBC 在机构体制上也像其他主流媒体一样，以频道为标准划分不同的工作部门，各个部门之间彼此独立、分工明确。这样的组织形式使媒体内部不同的部门各自为政，彼此之间缺少沟通，工作效率极低。之后，在媒介融合逐渐成为全球趋势的背景下，BBC 对其组织机构进行了重组，依照融合媒体报道的需要将各部门重新组合为技术、内容、运营、营销、人事等部门，并促进这些部门之间的沟通和合作。其中,组织机构改革的关键是新闻采编团队的重组,为了实现这一目标,BBC将原先的广播、电视、互联网等平台整合起来,构建了一个具有相当规模的跨媒体新闻中心,仅设多媒体新闻部和多媒体节目部两个部门。这一大刀阔斧的改革使得BBC内部资源得到了更好的整合和调配,传播实力得到了有力的聚合。因此,要实现传统主流媒体的融合创新,实施最优的组织机构重组成为重要的一步。

三、内容资源

在内容资源上,应充分发挥传统主流媒体在广播电视领域积累的内容资源,并吸引大量优质内容的提供商;同时,利用技术创新,给用户提供更加独特的内容和体验效果。当下,媒介技术发展的日新月异并不意味着内容要素的淡化,优质而独特的内容在媒介融合背景下仍然是重中之重,没有丰富而优质的内容,技术也只能成为一具华丽的空壳,不能实现其存在的价值。

国外主流媒体在实现融合创新的过程中,也一贯坚持对内容的重视。NBC与FOX、ABC共同投资成立的Hulu在线视频服务网站形成了媒介融合的"Hulu模式"。除了使用NBC、FOX和ABC的资源,Hulu还积极与索尼、米高梅等媒体内容生产商展开合作,获得多样且优质的内容资源。这些内容策略无疑成为Hulu快速发展的重要保障。

而日本的NHK在融合过程中,通过改变内容生产方式来增加内容的独特性,使得日本电视台保持了吸引力。那么日本电视台是怎样改变内容生产的呢?主要是通过推出"Join TV"服务。通过"Join TV"使电视与社交网络进行融合,借助智能手机,用户可以参与到电视节目的互动之中。而对于电视业来说,整合受众在社交网络中的反馈信息给赞助商们带来了意外的商机,同时也为电视节目指标化探索提供了改善的依据。日本电视台正是通过增加与受众的互动,吸引受众参与节目内容的生产,提升了媒介内容的水平和用户的体验,这对于传统主流媒体融合创新中对于内容资源的挖掘来说具有深刻的启迪作用。

四、终端覆盖

在终端覆盖层面上,投入资金进行研发,为用户提供几乎所有多媒体终端的"无缝"的接收体验。

伴随着科技的进步,对于终端的研发成为抓住用户的新手段,怎样利用便利的终端使节目和信息向更加广大的人群传播,怎样利用终端给予用户新的更加独特的体验,都是当今主流媒体扩大传播影响力所面临的重要问题。国外一些主流媒体在终端覆盖上的实践给我们提供了有益的启发。例如 BBC,在建立了官网的客户端之后,又集中力量推广其社交媒体和 iPlayer 平台,建立多元传播网络。当下,它的 iPlayer 已能够为包括 PC 机、手机、iPad、智能机顶盒等在内的不同接收终端提供涵盖 14 种不同视频格式的转解码服务,极大地满足了不同用户的节目和信息需求,使得其传播更加深入地向各类人群渗透,实现了"无缝"的接收体验。

无独有偶,Hulu 在线视频服务网站在媒介融合的过程中也很好地实现了终端的强大覆盖。Hulu 开发设计的视频订阅服务软件 HuluPlus 不仅实现了互联网电视机、个人或平板电脑及手持终端的一体覆盖,方便用户通过各种网络终端收看、点播正版电视节目内容,还为用户提供高分辨率的电影在线观赏服务。此外，Hulu又推出了注册会员服务，用户每月只需支付少量金额，即可在PC、iPhone、iPad、Samsung Blu-ray播放器、Play Station等设备上观看更多的专业视频。因此，从传统的互联网网页、手机、平板电脑等各类移动终端，到机顶盒、智能电视、游戏主机等各色客厅设备，Hulu都为它们提供了定制化的视频服务，无论在哪一个设备上，用户都可以访问到Hulu庞大的视频内容库，Hulu由此成功地实现了其传播的高覆盖率。

通过考察BBC和NBC的媒介融合状况，我们可以看到，加强研发终端技术的力度、打造多媒体终端产品对于主流媒体提高传播渗透力和影响力具有重要意义。

五、渠道

主流媒体应该积极主动地拓宽传播渠道，提高技术水平，以新兴的互联网内容分发渠道建设为重点，利用新媒体和社交平台的优势，实现传播的互动性。在拉斯韦尔的"5W"模式中，传播渠道是信息传播过程中的重要一步，在当今这个信息社会下，信息传播的速度与渠道的畅通情况关系紧密，只有拥有多元而畅通的传播渠道，信息才能如开闸之水一般奔涌遐迩，信息的传播才能达到"遍地开花"的效果，实现人尽皆知。在拓宽渠道方面，国外主流媒体中有不少成功的案例，如俄罗斯的"今日俄罗斯"电视频道在最近的融合创新过程中与新媒体实现了紧密的合作。通过与YouTube、Facebook、Twitter等媒体之间联合扩展节目传输的渠道，"今日俄罗斯"已经打造出与受众积极互动的社交氛围，形成了一套多元化的传播体系，而不再仅仅守在最初传统的电视业务上。利用与新媒体和社交媒体的珠联璧合，"今日俄罗斯"的传播渠道被极大地扩展,并逐渐打开了与受众加强联系的大门,而不必只单纯依靠传统电视的落地和收视率来扩大影响力。

  CNN 在拓宽渠道方面的努力也值得关注,它主要建立起了一个立体的信息传播渠道。除了建立自己的门户网站、众多网络子平台和在全球各区域设置信息发布点外,CNN 还注重通过资本运作、业务合作等多种灵活形式实现与多家新媒体公司的紧密合作,例如韩国的三星电子与 CNN 国际频道联合推出了 CNN 多媒体新闻服务,其合作的地域涉及欧洲、中东、亚太以及拉丁美洲等地。同时,CNN 还与众多社交网络媒体建立起了合作关系,比如 Facebook、Twitter 及 YouTube 等视频网站,实现了传播渠道的极大扩展,使得自己的传播影响力得到了增强。

  从以上国外一些主流媒体融合创新的历程中,我们可以看到,主流媒体的融合创新是一项复杂而庞大的任务,也是不可阻挡的发展趋势。只有做到在理念上不断更新,在组织机构上及时调整和完善,在内容、终端、渠道上同时深入创新,挖掘新技术的运用潜力,我国主流媒体才有希望在新媒体的剧烈冲击下走向新的发展之路,实现传播能力和影响力的提升。

第三章 我国主流媒体融合创新中的问题及原因探究

第一节 我国主流媒体融合创新中的问题

一、宏观层面

1. 我国主流媒体总体营业水平不尽如人意,总体规模与欧美国家仍有差距

改革开放之后,国内的相关政策逐渐放开了对广播电视领域的准入限制,原先的传统媒体不再占据完全地位。同时,随着互联网的出现,原先的广播电视通道不再作为唯一的传播渠道,互联网给予了民营资本庞大的机遇,各种网络平台纷纷涌现。传统媒体已经不再是唯一的内容提供商,一批像腾讯、爱奇艺之类的新闻、视频等多种综合服务提供商不断发展壮大,吸引了大量受众。与这些互联网企业相比,

我国主流媒体在市场营业额上不及这类公司,同时,在新媒体互联网领域,主流媒体的市场占有率不容乐观。《上海传媒发展报告(2016)》课题组对上海多家主流媒体的影响力进行了研究,发现相比较于新兴媒体,传统媒体利润率下降、人才流失成为普遍的现象,传统的运营模式很难继续运作下去。

中央电视台作为我国最重要的媒体机构之一,虽然其营业收入在国内众多媒体中独占鳌头,但是从2013年开始,其营业额就已经被百度超过,更是远远落后于阿里巴巴。与欧美国家的传媒集团相比,这种差距则更加明显。据时代华纳集团的财务报告显示,时代华纳集团2016年的全年营业收入为281亿美元(约合人民币2 000多亿元),而我国传媒行业2015年全年整体创收也仅为12 000亿元。美国一个传媒巨头的创收就达到了我国传媒行业整体创收的六分之一。这充分显示了我国主流媒体营业水平和整体规模的不足。

虽然我国为努力建设新型传媒集团做出了巨大的努力,但现在各个媒体之间仍然未能达到真正融合互通的局面。因此,虽然表面上我国的传媒集团整体规模有所增长,但是并没有真正发挥出协同效应,因此也没有发展出美国式的巨无霸传媒集团。2016年度,全球主要媒体资产总量分别为:时代华纳638亿美元,威亚康姆182亿美元,新闻集团150亿美元。从以上数据中我们便可以看出,中国媒体与全球传媒巨头在资本量上的巨大差距也说明了建设新型传媒集团的必要性和艰巨性。

2. 人才机制存在欠缺,人才流失严重

北宋教育家胡瑗在《松滋县学记》中提出,"致天下之治者在人才",意为使天下得到治理的关键在于人才。2016年,习近平总书记在学习贯彻《关于深化人才发展体制改革的意见》座谈会上指出,人才机制是深化体制改革的关键,如果知识分子没法把自己的全部能量和才能发挥出来,就不利于良好体制机制的形成。① 中国传媒事业也需要不断地输入新鲜血液,这样传媒产业才能不断地创新和发展。在企业现有条件下,人才机制可以从人才层面提高企业的生产力,但是,人才机制并不单单是一个层面,而是多个层面互相牵制又互相促进,且涉及教育、筛选、激励多个层面。因此,需要从教育和如今传媒界人才流失的现状探究原因。

(1)缺乏全媒体人才的教育模式

据《中国新闻传播学年鉴(2015)》统计,截至 2015 年,我国开展新闻传播专业教育的院校已经多达 600 余所,囊括了传播学、新闻学、广告学等七大方向,超过 14 万本科生就读新闻传播学相关专业。尽管我国有数量众多的新闻传播类学生,但不同专业之间却很少有综合的教育模式,造成传播学专业的学生缺少新闻素养,新闻学专业的学生对专业的传播学研究方法知之甚少。专业之间乃至方向之间的分野造成人才知识和技能的精专化,不利于培养融媒体时代下的全能型人才。新闻传播学不同于法律、经济学等学科专注于构建自身的逻辑体系,它是构建在社会环境和受众基础之上的,因此,新闻传播学专业的学生不能仅凭专业知识胜任全媒体领域人才的要求。

此外,我国高校新闻传播学培养人才的模式与社会需要相脱节,理论与实践相脱节。在如今全媒体的社会背景下,记者已经不仅仅是文字工作者,同时需要使用摄像机、照相机、录音笔、VR 摄像设备等,需要成为全媒体编辑。他们需要应对微博、微信公众号和新闻稿之间不同的写作模式,这些技能需要通过实践操作而不是仅凭在象牙塔中

---

① 习近平就深化人才发展体制机制改革作出重要指示[EB/OL].(2016-05-06)[2017-12-15]. http://www.xinhuanet.com/politics/2016-05/06/c_1118820251_2.html.

的学习就可以得到的。另外,媒介的市场化运营需要学生不仅掌握新闻传播知识,而且还要掌握一定程度的媒介运营、新媒体技术等知识,但学校在这些方面的教育显然不足,造成了现实需要与理想人才的脱节。

再者,尽管开设新闻传播学的学校众多,但是许多学校是跟风办学,办学目标出现了趋同化、一致化的趋势。有些学校本身并不具备足够的学术水平,这使得我国高校教育呈现出缺乏特色的局面。这点与社会对复合人才和多样化人才的需要是相错节的。

(2)传媒业人才流失严重

我国传媒业不仅面临着人才培育的脱节,也面临着严重的人才流失。媒介融合,归根结底是人才对媒介内容、渠道等的融合,因此人才在这一过程中的作用是基础性的。但观察我国媒介融合的现状,可发现当下主流媒体的困境造成了传媒业人才的严重流失。传媒人才教育与应用之间的断层造成了新媒体人才的需求处于短缺状态,而已经在传媒业从业的优秀人员的加速流失更加重了主流媒体行业内从业人员的不足。

我国绝大多数传统媒体属于事业单位编制,因此,广播电台电视台等媒体中也有一部分人属于事业编制。但是,改制后的电视台大部分员工的工资都依靠电视台的自营自收,而不是财政拨款。电视台广告收入一旦骤减,可能会连工资也发不出来。政府不得不再次把广电企业列入全额拨款事业单位,这样,媒体发展的市场化进程则不是进步,而是倒退。在这股寒潮中,主流媒体从业人员纷纷辞职,网络媒体人才也纷纷离职进行创业,许多尖端人才流通到其他领域造成了传媒领域人才的流失。

3. 媒介融合发展程度不均，地区发展极不平衡

虽然媒介融合属于国家级发展战略，但是因为各个地区经济水平和媒介发展水平的差异，不同地区的主流媒体媒介融合有着不同的融合水平。以中央主流媒体为代表的中央电视台、新华社、中央人民广播电台、人民日报等国家级媒体是融合发展的排头兵。依托于政策优势和品牌价值，中央主流媒体最先发力开启了媒介融合的改革，从组织结构、采编模式、媒介经营等多个方面进行融合创新，取得了不凡的成就，如人民日报组建"中央厨房"推动深度融合、新华社创办新媒体专栏、光明日报成立融媒体中心、澎湃客户端上线。国家级媒体从组织架构到媒体矩阵，从机制体制到采编流程都有所改变。部分国家级报刊和行业专门刊物也开始尝试通过融媒体平台进行融合发展的改革。上海、浙江等发达省市的媒体也最先进行媒介集团化改革，进行了媒介融合的实践。以上海报业集团为例，集团注重优质内容的打造，构建了多种形式的客户端。例如其中最为著名的"澎湃新闻"APP，是一款集结严肃、优质、深度新闻内容的互联网新闻客户端，在社会上产生了一定的影响力。

但是，由于资本、技术、观念和传媒机制等条件的制约和限制，一些经济落后省份的媒介融合工作开展得较为缓慢。中西部经济落后省份的广播电视新媒体产业不成规模，无法共享资源，很难形成完整的产业链条，也无法获得各类平台的推广机会。[1] 新媒体不同于以往广播电视台自建渠道、自有平台，需要社会力量的协作。新媒体环境下人人都可以发声、人人都可以传播信息的现状给了主流媒体很大的压力，但是带来挑战的同时也带来了机遇，借助网络上的多种平台，传

---

[1] 刘祝红.中西部城市电视台媒体融合发展路径探析[J].西部广播电视,2015(22).

统媒体也有重获生机的可能。互联网不分割地区市场,所以互联网上商业媒体的出现对全国的主流媒体都会造成威胁,但是落后地区可利用的互联网资源十分有限。

在这种环境下,我国主流媒体的地区发展差异是非常明显的。《2016中国媒体融合传播指数报告》显示,处在媒介融合第一阶梯的媒体有中央电视台和人民日报。中央电视台无论是在新媒体平台还是覆盖终端数量方面都占有明显优势。地区分布上,不同地区之间媒介融合进程差距明显,京广浙沪四地无论是电视、广播还是纸媒传播影响力均大于其他地区。以北京为例,仅北京一地,就包揽了报纸百强榜的25%、杂志百强榜的53%,这无疑显示出发达地区的巨大优势,也体现了媒介融合的不平衡性。报告指出,虽然中西部地区媒体取得了可喜的进展,媒介融合的速度明显加快,但是与东部发达省份相比还有较大差距。

4.国际传播能力不足,国际影响力较弱

在《理解媒介:论人的延伸》这本书中,麦克卢汉第一次提出了地球村的概念。新媒体的到来,让地球村的设想变成了现实。但是,地球远不像一个村庄那样和谐。新马克思主义理论家萨米尔·阿明在其1957年的博士论文中提出,全球化并不是各国平等地发展,而是以西方资本力量为主导进行全球再分工,这种分工也不是平等的分工,而是充满了剥削和非等价值的交换。发展中国家要想实现真正的发展,就需要与中心"脱钩"。显然,在全球化的背景下,任何一个国家都无法完全与世界"脱钩",因此,只有提高自己的传播能力,增强国家软实力,主动应对国际风险和挑战,才能在全球化浪潮中占据稳固的地位。

但是,目前我国主流媒体的国际传播能力并不强,国际影响力也比较弱。现如今,全球国际话语体系仍以英美国家为中心,我国媒体缺乏国家话语权和全球议程设置能力,我国媒体的新闻也很难被西方媒体引用,导致我国很难发出自己的声音,不利于西方对我国文化的正确理解和传播。我国媒体对外传播的影响力不足体现在多个方面,首先,我国国际传播人才的数量总体上仍明显不足,通讯社的分社拥有量以及派驻国家数与世界其他三大通讯社相比差距较大。其次,我国国家传播的工具发展水平不及发达国家。最后,可利用的国际传播资源也处于劣势。① 我国的主流媒体不仅对内承担着舆论引导的职责,同时也肩负着建立良好的国际形象,实现对外传播,促进国家交流的使命,要做到这一点,首先就要提高我国主流媒体的国际传播能力,增强国际社会对我国主流媒体的信任程度。

这里我们要看到,不仅是我国主流媒体和对外宣传机构的外宣能力的不足造成了主流媒体国际传播能力不足,同时,因为西方和我国意识形态的差异,西方媒体往往戴着有色眼镜看待我国主流媒体,因而其中不乏偏见。但是,目前的世界话语体系是以西方体系为中心的,所以我们处在埃及经济学家阿明所说的"边缘地位"。要改变这种边缘地位,只依靠媒体提高传播影响力是不够的,还需要政府出面,建立平等公平的国际传播体系,才能助力我国主流媒体建立一个良好、平等的国际传播环境,提升我国的对外传播能力。

5. 新媒体法律和管理体系不健全,网络空间亟待治理

(1)法律管理体系不健全,存在多头管理的情况

媒介融合不仅需要媒体和相关媒体管理部门负起相应的责任,同时也需要政府管理部门的政策和法律法规的跟进与保障。但是随着

---

① 吴立斌.中国媒体的国际传播及影响力研究[D].北京:中共中央党校,2011.

新媒体的发展,我国政府媒体管理的步伐日益跟不上技术的发展。

我国对媒体生产过程通常采用先行审核和事后追惩的制度,但是事前审查降低了新闻的时效性,无法满足新媒体环境下对于新闻时效性的要求;同时,互联网的迅速传播使得事后很难消除负面影响。互联网更新速度极快,一方面,不管是网站自身管理还是政府对其的监管往往都难以深入开展;另一方面,法律法规的颁布难以跟上互联网更新的速度。这些因素都使得对媒体的内容管理落后于媒体的发展,以往适用于传统媒体的广播电视、电信、新闻等部门多头管理的方式,已经不再适合新媒体的发展管理要求。[1]

同时,因为我国主流媒体大部分是事业单位企业化运营,这些行业管理部门既充当"裁判员"又充当"教练员"以及"运动员",我国的传统媒体管理相互存在着交叉性和模糊性,乃至演变成主导权的竞争,这些都不符合我国媒体市场化运营的初衷。我国传媒业实行中央和地方的双重管理,具有鲜明的行政特色。20世纪90年代之后,随着我国市场化改革的展开,媒体才开始从事经济活动,但是仍然存在"政企不分"等管理问题。这造成了我国传统媒体因循守旧、效率低下等弊病。[2] 监管方式的改革应侧重于增加传统媒体的活力,使传统媒体在融媒体环境下产生生机和动力。

(2)新媒体评估和监管体系不完善,网络空间亟待治理

传统媒体因为管理体系的限制而无法发挥自身全部的活力,新媒体市场也充满了暗涌和礁石。传统的广播电视产业是传统的自建渠道,因此容易监管,能够保证信息的准确性与专业性。但是,在新媒体

---

[1] 任贤良.导向一致 形新神定——关于传统媒体和新兴媒体统筹管理的思考[J].红旗文稿,2015(20).
[2] 郭海英.传媒行业政府规制体制研究[D].天津:南开大学,2013.

环境下,原先媒体的独占渠道被打破。凭借着互联网运营成本低的特性,传统的主流媒体似乎与新兴的商业媒体站到了同一条起跑线上。但是因为商业媒体和自媒体未必具有专业媒体的媒介素养和媒介伦理,难以对自身行为进行有效的规范,同时新媒体环境中又缺乏一种合理的管理模式,于是便出现了标题党、假新闻等乱象,对于网络环境产生了不良的影响。

新媒介市场中的乱象很大程度上是因为缺少对媒体传播效果的有效评估。而要在媒介融合的背景下追求对媒体效果的有效评估,完善新媒体市场是至关重要的。整治互联网,尤其是移动互联网环境中的信息安全以及虚假信息问题已经成为重中之重。第 41 次《中国互联网络发展状况统计报告》指出,2017 年 12 月的互联网接入设备中,使用手机接入的比例高达 97.5%。在这一背景下,移动互联网的安全威胁和风险也日益突出。习近平总书记在网络安全与信息化工作座谈会上指出,"网络空间是亿万民众共同的精神家园,网络空间天朗气清、生态良好,符合人民利益"[①]。要形成良好的网上舆论环境,就需要发挥舆论监督的作用。新媒体环境下,产生了诸如信息安全、个人隐私、虚假信息等日益突出的问题,这些问题都需要国家进一步制定更加明确具体的法规进行规范和治理。目前,国家已经发布了一些法律法规加强对互联网的管理。例如,2015 年国务院办公厅发布了《关于加强互联网领域侵权假冒行为治理的意见》(国办发〔2015〕77 号),国家互联网信息办公室 2015 年 4 月 28 日发布了《互联网新闻信息服务单位约谈工作规定》,国家新闻出版广电总局、工业和信息化部 2016 年联合发布了《网络出版服务管理规定》。这些规定和意见对互联网

---

① 摘自 2016 年习近平总书记在网络安全和信息化工作座谈会上的讲话。

产品运营以及互联网服务单位进行了规范,保障了网民的基本权益。但是这些规定和意见尚没有上升到法律层面,建立健全长效的新媒体领域监管体系,虽然具体可行,但是缺少广泛的影响力。这些规定仅仅在互联网单位中具有较高知名度,但是对于大部分网民来说则是知之甚少,很难产生强有力的舆论力量去对不法互联网信息提供商或者非法运营的内容提供商进行制裁和管理。

6.主流媒体资本量不足,传媒产业结构尚待优化,制约产业全媒体发展

媒介融合背景下,市场不再是单一的地方市场,地方性的传媒产业已经适应了互联网时代的需要,这就需要资本助力主流媒体转型,建立新型主流媒体和新型媒介集团。建立新媒介集团,无疑需要大量的资本,因此,资本运作是我国现阶段壮大主流媒体的捷径。

目前我国大多数传统媒体仍然是"事业单位企业化管理"的旧路子,缺乏市场活力,没有形成规模经济和范围经济。因此,难以参与激烈的市场竞争,更无法与国外巨型媒体集团相抗争。目前我国主流媒体总量依旧比不上欧美,营业额甚至比不过新兴的民营互联网公司,这种情况下亟须扩大资本建立新型媒介集团。

加强资本运作意味着要放松对传统媒体国有成分占比的限制,加速主流媒体的资本扩张,允许境外资本和民间资本入资传统媒体。外国资本的进入不仅会带来可观的资本量,还可以带来先进的管理经验和发展模式,而民间资本可以带来现代管理意识和对人才的尊重。此外,传统媒体还可以通过收购、并入等形式扩展到传媒领域的上下游,打通产业链,通过对资本的加强运作,帮助传统传媒企业加速壮大,占据更多的市场份额,扩大影响力。资本的成功运营可以使这些主流媒体迅速扩大资本量,拥有全媒体运营的实力。

只有建立了一批全媒体的主流媒体,通过传媒产业的协同效应,推动各大媒体优势互补,资源共享,才能追求信息资源的最大化,放大新闻传播力和信息覆盖面,形成整个传媒行业的全线升级和产业发展。[1] 依靠单一几个国家级媒体,而没有地方媒体联动,最终也只能唱"独角戏",无法形成产业的规模效应。而如果以媒介集团为龙头,提高整个行业的核心竞争力,加强全媒体时代的跨业融合,同时培育创意文化产业,整合出以内容创新为主,多种渠道全方位扩张的完全产业链,才能实现主流媒体的发展。

二、中观层面

1.传统媒体体制僵化,媒体间条块分割

(1)传统媒体管理体制僵化,无法适应新媒体环境的需要

我国大部分主流媒体仍然采用的是"事业单位市场化运营"的二元体制。这种体制兼具计划经济和市场经济体制的特点。在曾经大一统的计划经济年代,这样有利于凝聚力量办全国性的媒体。但是随着改革开放以来我国市场经济地位的确立,这种体制越来越成为钳制我国主流媒体发展的绊脚石。2005年出台的《关于深化文化体制改革的若干意见》要求"优化组织结构,整合内部资源,转变经营方式"。除主业外的印刷、广告、新闻和网络传输部分,以及影视剧及网络剧制作和销售部门,可以从体制中单独分离出来,以企业化的方式进行运行,支撑主业发展。[2] 虽然在二元体制下,传统媒体自负盈亏,要依靠广告

---

[1] 王朝峰.探索传媒中心全媒体发展之路[J].中国报业,2015(22).
[2] 葛玮.中国特色传媒体制:历史沿革与发展完善[J].中国行政管理,2011(6).

和商业收入进行运营，但是由于传统媒体属于事业单位，其作为党和政府的喉舌，具有宣传工作的职能，同时需要有严肃、认真、高品位的格调，因此处在商业媒体和公共媒体的夹缝之中。一方面，行政体制的限制使得传统媒体很难打破事业单位内部存在的隔阂和障碍，很难在新媒体环境下打破不同部门的障碍，实现全媒体运营。另一方面，传统媒体也很难完全依靠市场化的运作，完全依赖广告收入，通过二次售卖赚得利润。这两方面矛盾造成了传统媒体发展的困境，甚至产生了生存危机。

按照广电总局2015年的数据统计，全国县级广播电视播出机构共计1 998家，地级以上广播电视播出机构共计517家。得益于"四级办台"的政策，我国已经成为全球电视台最多的国家。但是，数量多而规模小使得诸多电视台盈利能力不足。2016年以来，陆续出现了电视台频道、节目停关乃至部分电视台的停关，这正是未能转型的媒体面临的生存危机，而媒体转型的前提就是打破内部体制的束缚，转变为全媒体采编、运营、分发的媒介集团，这就在一定程度上体现了打破二元体制束缚的必要性。

(2)地区媒体条块分割，无法形成地区整合

我国主流广播电视媒体仍然是以地方作为办台单位，形成"四级办台"的特点。这种分地域管辖的办台特点是特定历史时期的选择，但是随着广播电视技术的发展和传媒产业市场化道路的推进，四级办台的弊端逐渐显现。首先，四级办台容易造成资源浪费和地区覆盖率的差异，电视台数量的剧增明显脱离了原本的需求水平，也容易造成无序竞争。其次，四级办台限制了电视台的经营地域范围，无法形成全国范围的传媒集团。互联网具有天然的跨地域性，不受区域阻隔的限制，相比之下，爱奇艺等网络视听节目商则可以在全国甚至在全球

争夺市场。因此，不打破我国主流媒体"四级办台"政策的束缚，就难以培育新型的媒介集团。

媒介融合在理念上尚未打破行业区隔的陈规，在路径选择上尚未打破行政区域的窠臼，在管理模式上未能突破各自为政的顽疾。[①] 2010年国家出台了关于三网融合试点城市的方案，方案仍未脱离以行政区划作为方针政策的老路子，地方逻辑和行政逻辑仍然占据主导。这种行政和地方逻辑导致地区之间的差异越来越明显。无论试点在哪里，新型传媒企业面对的都是全国市场，互联网注重用户体验和用户自主性，而不是地方逻辑，因此，地方媒体条块隔离，本质上反映了我们仍以陈旧的行政思维去面对媒介融合背景下互联网的新发展。我国要建立强大的新型媒介集团，就要打破这种地区分隔和地区思维。

2. 主流媒体固守旧有渠道，忽视新媒体的市场作用

技术融合为媒介融合提供了可能，随后而来的产业融合则是媒介融合的关键。过去的制造业企业一般只涉猎一个领域，传统的广播电视公司也仅仅专精于自己的固有渠道，不考虑产业链的延伸和扩展。但是，在媒介融合背景下的互联网时代，资本、产业、组织都开始整合，单一的企业经营范围已经无法满足企业盈利、行业发展的要求。现在，任意一家民营的媒介公司都可以从事硬件、软件和互联网业务，如果传统媒体再固守单一自有的渠道，不思拓展，忽视新媒体的市场作用，就难以在市场大潮中生存。

固守旧有渠道的表现在于对互联网的作用视而不见，持行业内的保守思想，认为事业单位应以上级任务为主，忽视市场化的进程；坚守

---

① 李继东.中国影视政策创新研究[M].北京：中国传媒大学出版社,2014:130-131.

旧有模式和渠道，电视台仅办电视，广播台仅办广播，忽视互联网背景下多平台多渠道的展现方式。部分媒体即使对现在的媒体发展格局有着深刻的认识，但是受限于传统的惯性思维，对于具体的改进路径感到困惑。

固守旧有渠道，忽视新媒体作用的另一个表现是忽略不同媒介的特征，在新媒体平台上搬用旧有模式。因此，即使建设了互联网平台或利用了其他互联网平台，如果忽略了用户需求、媒介特征和使用场景，也会造成产品效果不尽如人意。单纯的产品叠加或者种类增多并不是真正的媒介融合，产品的有机结合才是媒介融合的真正要求。

专业性是传统媒体的优势，内容生产是主流媒体的长项，但是因为习惯事业制单位的指令性管理，与市场经济脱轨，传统媒体在新媒体领域进展缓慢。此外，新媒体进入成本几乎为零，因此鱼龙混杂，传统媒体所具有的专业性成为其进入新媒体领域的一大优势。因此，保持开放多元心态，重视新媒体的重要价值，改变旧有的陈规和观念，是实现媒介融合下的媒介转型的先行条件。

3. 主流媒体内部组织架构僵化，未能形成全媒体机制

媒介融合背景下的主流媒体的变革中起全局引导作用的就是内部组织结构的变化。我国目前主流媒体的组织现状仍然是你中有我，我中有你，并不是真正意义上的融媒体样态。

我国在特殊的历史环境下形成了独特的媒介内部组织架构。以新闻媒介为例，中华人民共和国成立后，新闻媒介作为党和政府的耳目喉舌，主要由各级党委领导。计划经济时代，我国的新闻媒体被纳入事业单位的范畴，不从事经营性活动，主要贯彻宣传党的政策。改革开放以后随着社会主义市场经济体制的确立，我国的新闻媒体也开始尝试新的内部机制和管理模式。一些报业集团应运而生，一些报社

和报业集团开始实行社委会领导下的编委会和董事会负责制。20世纪90年代以来,一些报社的经济实力有所扩大,开始出现第一批报业集团。报纸是我国媒介市场化改革的先行者,广播和电视的改革速度都在其后。20世纪90年代后半期无锡广电集团的正式成立,才拉开了建立广播电视新的运行体制的序幕。[①]

如今,虽然资金充裕的传媒企业都已经进行了市场化改革,但是仍然面临组织结构分工不合理的情况,无法满足全媒体采编的需要,更无法形成全媒体运行的机制。在我国传媒企业进行市场化改革,纷纷改组融资成媒介集团之后,其经营内容也扩展到更为广泛的领域,不仅包括传统媒体部门的经营范畴,更是大大扩展了职能,提供多种多样的产品。但是新媒体部门与传统部门相互分离,无法实现资源共享和分工协作,仍然是一个企业的两个部门,造成了传统渠道与新媒体渠道的割裂。我国目前的广播电视台一般分为广播中心、电视中心以及新媒体中心,而报业集团则划分为报纸、期刊出版、新媒体三个部门,传统媒体看似都具有了新媒体的运营部门,但是新媒体部门无法与其他电视或者报纸部门共享信息、统筹资源、协同工作。结果,传统媒体虽然建立了新媒体部门,也开通了微博、微信公众号,但是新媒体部门还是自己独立运行,无法依托主流媒体传统渠道的大量资源这一巨大优势,把自己降位到与互联网新兴的商业媒体最开始一样无资源可用的尴尬地位。

对于新媒体的运作,欧美的媒体最先开始试水,BBC作为英国的老牌媒体,一直走在新闻实践和研究的前沿。早在2006年,BBC就提出"未来媒体的发展方向是鸡尾酒媒体"的概念。这一概念包括传媒

---

① 袁军.新闻媒介通论[M].北京:北京广播学院出版社,2004.

理念、部门形态、采编原则的多维度概念,而其中的重中之重就是打通以往的部门、团队阻隔,形成资源共享平台,可以随意挑选资源在不同类型的平台上整合发布。而我国的媒介集团要想建立全媒体平台,首先需要建立全媒体的机制,打破原有的"增加一个部门就可以打入互联网市场"的简单思维。

4. 受众调查不足,受众定位模糊

受众是信息传播的接受者,包括书籍报刊的读者、广播的听众、电视的观众还有互联网中的用户。宏观上受众是一个集合体,微观上却是具有一定相似性但又具有独特特质的个体。网络时代给受众带来了巨大的变化。早期的魔弹论认为媒介信息像子弹,可以直接击倒受众,媒介信息到达受众时可以产生巨大的、直接的效果。随后的有限效果论更加关注影响受众信息接收的中介因素,例如媒介领袖、既有偏向等,得出了有限效果的结论。但是这一时期的受众理论无疑是按照5W模式推演而来的,仅仅关注媒介信息达到受众从而产生一定的影响,信息传送者的主体地位一直没有改变,这一点尤其体现在单一、效率低下的受众反馈和受众调查上。进入互联网时代后,受众这一概念得到了极大的扩展,受众不单单是被动的接收者,更可以成为主动的传播者。因此,在互联网时代,受众已经不单单是受众,而成为双向的"产消者",这意味着受众身份的极大变化,体现了新媒体语境下受众的重要特征。

互联网与传统媒体不同,其内容并不是牢牢把握在传统的内容提供商手中。从早期的BBS、网页,到现在的微博、微信公众号以及视频分享网站乃至弹幕网站,用户成为零碎内容的生产主体。不仅如此,互联网还为一般受众赋权,不仅在于一部分受众形成了更加专业化的生产,有了固定的观众或读者群,提高了影响力;而且在于互联网将人与人的关系的地位进一步抬升,便于形成各种各样的关系网,依赖这些关系网的社交网路和口碑经济越来越重要,传统的营销手段也因此需要升级换代,重视传统的投放平台的同时也需要注重新媒体市场。我国的主流媒体面对新媒体环境,依旧以传统思维对待受众,忽视了受众主动性和个人化需求的特征,这就导致现如今主流媒体的受众定位模糊和受众调查不足。

相较于传统媒体,互联网的消费群体和主要受众更加低龄化。一方面,央视传统受众群体定位在19—30岁高收入、高学历人群中;另一方面,根据网民调查,截止到2016年12月,我国网民以10—39岁人群为主要群体,比例合计达到78.1%,其中20—29岁年龄段网民占比最高,达30.1%。[①] 但是,互联网的活跃群体却是18—25岁年龄段的青年人。从上面的对比可以看出,传统媒体的受众虽然与互联网的网民群体相重叠,但是在互联网个性化的需求下,10—39岁的年龄划分过于笼统,无法考虑到各个年龄段精细的特征。虽然年龄定位过于宽泛,但媒体可以根据受众的特征进行个性化推荐和调整。例如,虽然互联网网民占比最高的是20—29岁的年轻人,但是付费视频的购买力却是以30岁左右人群为主。传统媒体要进军互联网首先要明确节目产品的年龄定位,才能在此基础上创作出适合网民的内容分产品。

要想了解受众,最重要的一步就是受众调查,尤其是在新媒体环境下,旧的调查手段和方式已不适应新媒体时代的需要。我国主流媒体的特有属性要求其要满足人民群众的精神和文化需要,所以一定的受众调查是必不可少的。然而,传统的诸如读者来信等简单的反馈方

---

① 数据来自2016年《中国互联网发展状况统计报告》。

式已经落在了时代的后面。网络时代下的受众调查要运用大数据技术,深度捕捉用户的偏好和行为特征,才能做到为不同类型和特质的受众提供丰富多彩的内容和服务,满足受众多方面的需求。受众的重要性不言而喻,网络时代下受众更是提升了自己的主动权,如果不重视受众需求,受众数量肯定会慢慢减少。

5.盈利能力薄弱,新媒体盈利模式不明

近年来,网络广告对传统渠道的广告造成了巨大的冲击,导致传统媒体的经营利润持续下滑。虽然许多企业初步探索出了一条媒介融合发展之路,但是仍然未探索出新的盈利模式。一方面,传媒企业依靠传统广告支撑;另一方面,也依靠政府给予的财政支持。一旦传统渠道广告受到互联网媒体的冲击,外加政府财政支持的不足,很容易造成极大的财政困难。2016年,全国大部分电视频道广告收入惨遭20%以上的下滑,这使电视业经历了数十年未曾有过的危机。面对这一困难,许多地方政府纷纷对传统媒体进行财政支持,如河北省就出台了《关于加强对各级新闻媒体财政支持的通知》。廊坊市政府甚至决定在2017年对各级媒体进行全方位的财政支持。传统媒体在2016年面临营收和观众的双重寒冬,深刻反映了当下传统媒体在传统体制下面临的困境。传统渠道的广告投入已经不再是唯一的广告投放渠道,互联网环境下,各类网络平台也成为广告投放的良好选择,这无疑大大削弱了传统媒体的利润空间,对主流媒体的融合转型和盈利模式创新提出了新的挑战。

我国主流媒体目前盈利能力薄弱的原因一方面在于盈利模式单一。长期以来,我国传统媒体的盈利模式一直遵循"二次售卖"模式,即将媒介产品以低价卖给受众,再将受众卖给广告商,主要通过收取广告费来赚得利润。广告商,而不是受众,成为媒体的主要客户。另一方面，我国主流媒体目前盈利能力薄弱也是因为对互联网盈利模式探索的不到位。在互联网环境中，产生了许多新型的盈利模式，而传统媒体对这些盈利模式则浅尝辄止。互联网中常见的盈利模式主要包括早期的弹出式广告和现在越来越多的植入性广告，爱奇艺、优酷等网络视频公司也尝试了直接的内容付费模式，付费人数近年也逐渐增多；在外国甚至有新闻网站开展了新闻众筹的模式，新型盈利模式层出不穷。除了互联网盈利模式以外，构建新兴传媒集团也为经营多元化提供了组织架构，一业为主，多业经营的方式也能拓宽媒介企业的生存空间，实现经营多元化。

6. 缺少合作创新

创新是媒体发展的动力，合作是媒体发展的跳板，两者缺一不可。我国传统媒体如果"关起门来搞建设"，不仅内部动力不足，而且容易失去方向，也无法学习先进经验和获得发展的活力。2014年，时任中宣部部长刘奇葆同志就撰文指出，"传统媒体融合发展要增强借力发展的意识，不能坐等给政策、给资金、给项目；不能关起门来搞融合。要通过多种形式，充分利用别人成熟的技术、平台、渠道和手段借力推进，实现更好更快的发展"[①]。在面临各方竞争压力的当下，传统媒体要尽可能地大胆创新，拓宽思路，不断吸取过去的经验教训，开辟新的发展思路，建立行业联盟，与媒介和更多的社会企业进行合作，在经营策略上多下功夫。

与其他企业合作是主流媒体发展的跳板。近年来有一些主流媒体与社会资本以及互联网企业合作创新的案例值得我们借鉴。如南方报业曾接受过阿里巴巴5亿元的入资，这些投资的引入增强了传媒

---

① 刘奇葆.加快推动传统媒体和新兴媒体融合发展[N].人民日报,2014-04-23.

企业的资本,可以为企业细化产业链,获得交叉补助,实现良好的政策选择。还有部分传统企业与互联网巨头合作,以实现"借船出海",完成媒体的数字化、平台化的转型,完善主流生态链。[①] 通过"借船出海"的策略,主流媒体可以在短时内实现在互联网各类平台和重点领域上的全面开花,短时间内提高传统媒体在新媒体领域的经营和运营能力,而且可以利用各类平台达成系统效应,获得更大的利益驱动。

7. 舆论引导能力减弱,媒介专业素养需强化

以互联网为代表的新媒体已经深刻地影响了当下的传播生态。新媒体在舆论生成和引导的过程中发挥着重要作用。福柯说,"话语即权力",在互联网尚未兴起之时,主流媒体是全国少有的具有全国和地区发声能力的机构,人们本身的传播交流空间十分有限。主流媒体可以轻易地设置一个议题,营造一种意见气候,从而生成和引导舆论。作为党和政府的喉舌,主流媒体强有力的舆论引导力是其凝聚人心的重要方式。但是,在互联网的环境下,公众可以在媒介平台上相对自由地表达自己的观点,意见多元的新媒体形成了一个新型的网络空间,对主流媒体的舆论引导带来了一定的压力。一方面,网络的匿名性和准入的零成本使得信息量泛滥,其中有不少虚假信息由于网络的网状分布和快速传输极易疯狂扩散,突发的舆情状况使得主流媒体猝不及防,无法及时应对,给接下来的舆论引导工作带来了极大的困难。另一方面,互联网中的商业媒体为了吸引受众,获得更高的广告利润,不惜采用虚假标题,或制造虚假新闻等污染网络信息环境,这都增加了舆论引导的困难。

---

① 朱春阳,张亮宇,杨海. 当前我国传统媒体融合发展的问题、目标与路径[J]. 新闻爱好者,2014(10).

主流媒体因为自身的专业性和公信力获得受众的普遍信任。在有关通过网络获取信息的调查中也有显示，尽管人们在互联网中获取信息的主要渠道是商业门户网站，但是传统的主流媒体是他们最信任的信息来源。传统媒体的集团化改革，让中央和地方的媒体与商业媒体站在了同一条起跑线上，主流媒体的利润需求容易造成盲目追求收视率或阅读量以赢得更多人气和广告收入的现象，这时候主流媒体有可能会忽视或违背自身的媒介专业素养，一味以利益为第一导向，忽视自己作为党媒官媒而承担的舆论引导和提供给大众喜闻乐见的节目的使命。在发展过程中，主流媒体不能舍本逐末，要注重自己的内容建设，坚持高尚的品位，加强媒介伦理建设，提高媒介专业素养，这样才能让主流媒体既能占有市场，也能凝聚人心，更好地发挥新闻舆论机构的舆论形成、引导功能。同时，主流媒体也应依赖舆论的力量，发挥和扩大自己的社会影响力，确立自己的社会地位。

三、微观层面

1. 新技术利用率不足，无法适应大数据时代的信息要求

技术是媒介融合发展的"引爆点"，同时也是传统媒体的"痛点"。技术始终推动着历史的发展，同时人类运用新技术的速度也越来越快。第三次科技革命以电子计算机、空间技术和生物工程为主要标志，这些领域不光提高了社会生产率，也不可避免地对新闻传播业产生了巨大的影响。技术不仅改变了人们的生活方式，同时也从底层改变了新闻生产和传播模式。但是，在这一大背景下，传统媒体对于新媒体技术的使用率仍然不高，这主要表现在以下两点。

其一，底层互联网技术使用较少。近年来，新媒体已经成为不可

回避的领域,主流媒体也纷纷上线各自的"两微一端",即微博、微信和客户端,以拓宽内容的表现形式。其中微博和微信公众号仅仅是借助互联网上的平台进行内容传播,本身不涉及互联网领域的底层技术,依托他人平台虽然不失为一种"借船出海"的好方式,但是却不能独立获得第一手的用户信息和数据分析,只能依赖平台所给予的数据统计和 API 接口,不仅需要另外付费,同时也难免会受到限制。客户端是一种为客户提供本地服务的程序,自由度相较微博、微信有很大的扩展,用户可以自定义数据统计和分析功能。但是,传统媒体一般采用外包的形式,很难完全根据自我需要对不同类型的产品进行整合。

其二,主流媒体的技术融合仍明显不足,各平台间无法建立联动系统。媒介融合发展对技术的运用,并不仅仅在于优势内容或几个项目的支撑,更要将最新最适合的信息技术与媒介的资源禀赋融合起来。在现在的主流企业中不仅传统的广播电视渠道与新媒体渠道没有融合起来,新媒体各类平台也没有融合起来,这体现在两者没有任何协同,或者仅仅是内容和形式的单纯移植,无法实现技术融合的需要。

现任牛津大学网络学院教授的维克托·迈尔-舍恩伯格(Viktor Mayer-Schönberger)被称为大数据"商业运用第一人",他曾对大数据的全样本特征等进行了详尽细致的案例分析。大数据的采集、运用、表现都需要新媒体技术,尤其是计算机底层技术的支持。在这种动力的推动下,云技术、虚拟化处理、分布式计算逐渐兴起,为大数据的应用提供了技术支撑。大数据技术对于类似的数据挖掘等具有直接的引导作用,这些技术也是媒体发掘用户信息的关键点。不仅如此,这些底层技术都可以运用于跨互联网平台甚至能够延伸到传统的广播电视渠道当中,对于重塑主流媒体的传统渠道也有很大的助益。在物质层面,技术是最容易改进的层次,但是对于深层次技术的挖掘和运用,传统媒体还需要进一步拓展和深化。

2.缺乏优秀的全媒体人才

网络媒体正在重塑新闻采编体制,这也意味着采编人才所需能力的变化,新闻节目的编辑和制作已经完全进入了网络时代,运用现代传播技术的网络媒体成为信息采集、传播和消费的重要渠道,这时,仅仅适用于传统广播电视的传统人才已经无法满足全媒体传播的需要,因此,全媒体人才培训管理体系呼之欲出。

早在2005年,网络编辑师的职业就已经出现,这可以被看作全媒体人才出现的先声,11年之后,合肥取消了该职业的资格认证,这也从一个侧面反映了多媒体人才的普及。早年在对应的职业资格认证的技能考试中,就具体涉及了文档处理(Word)、表格制作(Excel)、图像处理(Photoshop)、动画制作(Flash)、网页制作(Dreamweaver)、音视频处理(Premiere)。[①] 如今职业资格考试的取消,意味着该类技能日益成为每个新闻工作者所必需的技能,不单单是单一职业的要求,同时也表现了这一职业在移动媒体语境下数量和质量要求的提高。网络编辑师可以算是全媒体人才的前身,全媒体人才在内容的掌握上要做到通才,在技术上做到专才,这体现了对于技术技能和知识的高要求。当然,人才不可能样样都专,全媒体人才培养最重要的是培养具备互联网思维、适应媒介融合发展的人才。而就全媒体人才自身而言,最重要的是要具备在新媒体环境下对新闻采编的洞察力和敏感度。但是,我国全媒体人才队伍仍然较小,很难满足企业媒介转型的

[①] 夏艳.技术通才与内容专才融合的"全媒体"人才——网络编辑人才需求浅论[J].新闻世界,2013(4).

需要。

主流媒体培养全媒体人才的难点在于部门之间的隔阂,这使得新媒体人和传统媒体人之间产生了距离,甚至出现传统媒体人和新媒体人互相瞧不起的现象。在传统媒体人眼中,新媒体人是杂牌军的形象,因为他们不属于传统的事业编制体系;而传统媒体人在新媒体人眼中则代表着保守和落后的生产力。这同时也显示出了新旧人才之间的观念差异,因此,树立互联网思维,正视新旧媒体的共同作用,才能真正实现新媒体的深度融合。

随着互联网的蓬勃发展,社会对于新媒体领域的人才需求越来越大,人才供不应求。而类似腾讯、爱奇艺等互联网企业具有很强的盈利能力,同时,它们可以给予优秀员工和尖端人才更高的工资,相应地,也具有良好的人才流动机制。正是这几点,它们吸引了大量优秀人才,也挖走了许多传统媒体的优秀人才。

主流媒体要想建立一批优秀的人才队伍,首先要吸引人才,留住优秀的全媒体人才。同时,还需要建立优秀人才队伍,最后需要有合理的评估体系对企业员工进行评测,促进全媒体人才的成长。[①] 只有实行一整套人才引进、激励、培养的制度,才能留住新媒体人才,而且能促进他们成长,为主流媒体媒介融合的管理和采编工作,以及企业的发展夯实坚固的人才基础,形成一个人尽其才、人才辈出的良好局面,新型的全媒体人才才会成为企业创新发展的动力和发展的排头兵。

3. 单一的新闻生产流程无法满足媒介融合生产的需要

在传统的媒介生产模式中,企业只需做好一种媒介产品的生产即

---

① 周成华.建设全媒体人才队伍的探索与实践[J].青年记者,2016(12).

可。而在媒介融合时代，不同形态的媒介形式需要对媒介内容进行深度的"精加工"，满足多样化人群和不同媒介形式的平台的需要。传统的内容生产模式已经无法满足这种需要了，这就要求企业重新找到自己内容的定位，重塑内容生产模式。

(1) 互联网时代的内容选择困境

"内容为王"的最初起源是 1990 年美国维亚康姆公司总裁雷石东(Summer Redstone)将公司未来发展方向定位为成为全球最重要的内容提供商，这句话深刻地体现了优质内容生产的重要性。对于新闻媒体来说，内容永远是根本，是决定其生存和发展的关键所在。因此，主流媒体在互联网中采集、选择什么样的新闻至关重要。

传统媒体是中央—地方多级办台，各级电视台服务的受众群不一样，因此可以有比较清晰的定位。但是，互联网时代下，传媒企业转型升级为新型传媒集团，要面向全国市场，此刻传媒企业所选择的内容定位就非常重要。但是，面对庞杂的互联网市场，传媒企业很难找到自己的目标受众，于是内容也成了大杂烩，没有凸显自己的特色和受众定位，甚至从不可信的来源选取消息，成为虚假新闻的传播者。媒体应始终铭记，只有合适的定位和较高的内容标准才是主流媒体的绝佳标准。

(2) 主流媒体亟须生产流程再造

胡正荣教授指出，编辑记者应实现向产品经理的转变。其中产品经理是团队，就是在于把开发、设计、测试、运营等互联网产品工作流程引入传统媒体，实现内容生产、技术开发、整合营销等不同岗位的跨界合作，改变传统媒体以单一的内容生产为中心的工作模式。

以央视现有的生产流程为例。一条新闻需要经过选题策划、采访、制作、编排、审查与播出等步骤，虽然从一方面来说，新闻媒体合理地安排和管理了内容产品的创造、传播、编辑、传送的方方面面,但是这种具有针对性的流程只能形成单一的媒介产品,且只能被消耗一次。①

但是在新媒体时代,一次性的新闻生产和使用造成了大量资源的浪费。内容资源应被不断地重复使用,这就需要打破以往的以媒介类型逻辑为划分标准的部门安排去建立资源共享库。传统媒体生产的所有图片、文字、视频形式的素材应被送入统一数据库,由各个部门共享,不再归一个部门所有。这样才可以实现资源的互相共享和工作的相互协作,进而有助于统筹利用资源,提高工作效率。

一个新型传媒集团的内部业务流程应该是全媒体内容采集、生产,随后进行多平台集成、发布、运营,通过多网络传输、分发,最后到达用户的多个终端,形成完整的业务流程链条。但是现如今很多主流媒体依旧使用传统的内容生产流程,导致新媒体部门徒有虚名,难以进行有特色的融媒体生产。

(3)忽视产消者在内容产生过程中的作用

美国心理学家马斯洛曾提出人类需求的五个层次,其中最高的三个层次,即社交、尊重和自我实现的需求都与自我表达有关。当互联网给予了受众更多的表达的机会后,受众已经不甘于仅仅被动接受信息,更要主动地表达自己乃至于参加内容的生产。受众已经成为新媒体时代中新的信息源和新闻的创造者。根据皮尤中心的最新调查数据,尽管社交网络的用户使用各类社交媒体工具的目的不是传播新闻,但是会有超过一半的用户分享和转发新闻故事、相关图片和视频,同时会有46%的用户会在社交网络上讨论新闻事件。随着手机和各

---

① 王珏.新媒体背景下我国电视新闻媒体的创新研究[D].武汉:武汉大学,2014.

类便携式电子设备的使用,移动互联网的特征不断加强,在对于突发新闻的报道上,无处不在的产消者成为信息来源的重要渠道,这类信息贴近人民群众生活,主流媒体也不能忽视这类新闻来源。

要利用这些由用户发布在网上的新闻资料,也需要将现有工作流程作调整,需要对网络信息进行不间断的收集、验证和播报。需要注意的是,因为网上信息鱼龙混杂,要认真辨别信息的真实性,不能不经审核检查随意使用。同时,受众地位的崛起也意味着对于受众信息的利用更为重要,这同样需要互联网信息技术的支撑。

4. 对快速发展的移动互联网市场重视不足

2012年被称为"移动网络元年",移动互联网技术和相关服务已经基本配套,手机和移动设备已经成为人们日常生活的一部分,这一切都预示着移动互联网时代的到来。2016年又被媒体称为"智媒元年",各类智能设备层出不穷,智能手机、智能家居、可穿戴设备正在让移动互联网渗透到我们生活的每个角落,各类社会思潮流变和传播的主要阵地也正在从PC网络转到移动互联网。移动互联网虽然与传统的万维网使用同一个协议和框架,但是因为使用场景的变化形成了许多新的特征。首先,传统互联网人与信息是相对分离的。虽然计算机的出现极大地拉近了世界的距离,丰富了人们接触信息的渠道,但是PC体型巨大,个人无法随身携带,人们通常只有在住宅、学校或网吧等特定场所才能接触互联网。而在移动互联网时代,"零时差"的信息传递和资源共享通过一部手机在转瞬之间即可完成,使用场景得到了极大的扩展。[1] 移动互联网可以产生丰富的使用场景,这点也为新闻表现形式的延伸提供了

---

[1] 毕红梅,李婉玉. 移动互联网时代社会思潮的传播特征及引领路径——基于主流意识形态建设的视角[J]. 思想教育研究,2016(5).

更多的可能。其次,手机等移动设备的出现使得突发新闻事件的采集和发送异常方便。许多重大新闻突发事件的图片、视频资料最先都是由网民通过手机拍摄然后上传到社交网络平台,进而产生巨大反响,最后被主流媒体纷纷运用。例如,在天津爆炸事件中,网民通过手机摄影第一时间向全国观众展示了爆炸的威力,迅速提高了事件的关注度。

因此,移动互联网虽然刚兴起不过几年,就以其巨大的生命力迅速发展。2018年1月,中国互联网络信息中心发布的第41次《中国互联网络发展状况统计报告》中指出,"我国手机网民规模达7.53亿,网民中使用手机上网人群的占比由2016年的95.1%提升至97.5%"。值得注意的是,移动互联网的用户呈现出年轻化和底层化的特征,这点是和传统互联网并不一致的。

主流媒体对移动互联网重视的不足,一方面表现为没有建立手机客户端或客户端功能缺失,另一方面表现为对数据收集的不足。移动媒体时代的话题离不开数据,媒体虽然要坚守过去擅长的东西,但是如果不能把思维拓展到其他的信息维度和利用的层面,未来这样的传媒业格局一定会受到抑制。①

第二节 我国主流媒体融合创新能力不足的原因分析

一、观念层面

思维是行动的先导,媒介融合的发展不是先从技术开始的,而

---

① 燕帅,宋心蕊.清华大学彭兰:只会做内容的媒体未来发展会受到抑制[EB/OL].(2016-07-06)[2017-12-17]. http://it.people.com.cn/n1/2016/0706/c1009-28530658.html.

是思想先行。信息化社会需要新的工作模式,单纯的技术改变无法满足新媒体信息传播的需要。先进的思想对我们主流媒体融合发展是最重要的一点,也是决定开局成败的关键,如果我们无法破除传统媒体的惯性思维,就无法深入理解并操作主流媒体媒介融合的创新改革。

尽管目前许多主流媒体都已经进入融合发展的阶段,但是宥于现有利益格局和既有观念,主流媒体对于自身在媒介融合环境下的发展信心不足,或者满足于主流媒体的主体地位,产生"不想干"的消极心理。要破除这一局面,首先要解放思想,不再以传统的计划经济思想以及事业单位以完成上级单位和领导任务为目标的行政思想为主要指导,树立"必须干"的积极思想,主动推动媒介融合工作的进行。也就是说,我国主流媒体应当成为先进、锐意进取的力量,不能固执于保守和守旧之路,寸步不前。

其次,要破除传统媒体的本位思想和惯性思维。传统的主流媒体在自身渠道的内容创作、编辑、传播和表现形式方面具有丰富的经验和专业的水准,但是对于新媒体的相关业务并没多少经验。因此,主流媒体习惯于拿传统媒体的惯性思维,用办电视、办报纸的方式去发微博、创办微信公众号,这样显然是无法做好新媒体相关工作的。"不敢干"的思想,导致主流媒体不敢采用新的思维方式和新的经营模式去办互联网媒体,就此裹足不前,无法做好新媒体业务。这就需要转变本位思想和惯性思维,不再拿传统媒体的思维去"套"互联网媒体,而是学习和创造出适应互联网的媒介产品和传播形态。

再次是要认识到传统媒体所面对的巨大危机,树立必须有所转变的决心。互联网和新的互联网媒体迅速发展,已经撼动了传统媒体的主体地位,对主流媒体产生了强有力的冲击。主流媒体已经不能再对互联网和新媒体熟视无睹了。如果仅仅满足于成为互联网内容生产的车间,那么主流媒体很可能会在新一轮的"智媒"发展潮流中被逐渐边缘化,不仅无法在舆论引导中占据主要的地位,更有可能在市场竞争中不断地遗失生存空间,甚至退出市场完全倒退成为财政拨款的事业单位。因此,对传统媒体来说,坚定媒介融合的决心,在媒介融合浪潮中抓住机遇,将成为关键的一步。

最后,便是要形成媒介融合发展的新观念。传统媒体的媒体转型靠的不是蛮干、硬干,而是需要有科学的思想作为支撑,这些科学的思想和精神就是"能干好"的基础。正如2014年时任中宣部部长刘奇葆在《人民日报》上发表的文章《加快推动传统媒体和新兴媒体融合发展》中提出的四个新观念,即树立一体化观念、强化互联网思维、增强借力意识、发扬攻坚破难精神,主流媒体需要有"敢于干"的精神,以科学的方法去干,最终才能在媒介融合发展潮流中开辟出一条道路,实现媒体的转型。[①]

传统媒体原先主要运用单一媒体,运营方式也主要依赖商业广告收入。新媒体环境下,思维的转变不仅仅在于改变单一的媒体生产内容,而是要实现从生产、平台到受众全链条的变化。各个层面在新媒体环境下都产生了新的变化,这也要求主流媒体在自己的全产业链中进行思想革新,在多个层面进行创新,只有这样才能实现媒介融合背景下主流媒体的全面发展,实现传统媒体的全面转型,提高自身竞争力,在市场环境下加强市场竞争力。

---

① 魏伟.关于加快媒体融合发展打造新型主流媒体的思考[J].新闻知识,2015(9).

二、体制机制层面

1. 组织机构壁垒

创新业务不仅需要创新的观念,而且需要与之相配合的生产关系。传统媒体旧有的体制机制无法适应新媒体的发展,已经成为束缚媒介融合发展的重要因素之一。媒介融合背景下,广电的发展需要相适应的体制机制,于是主流媒体的体制机制改革创新势在必行。当前,主流媒体的管理仍然按照传统事业单位的管理机制,主管机关对媒体的管理仍然是采用过去常态化行政指令的惯常做法,管理效果取决于上级领导的长官意志。在这种体制下,主流媒体很难树立"市场化"的思维,突破原有的条条框框,一切仍然向上级部门看齐,而不是向市场和受众看齐,这造成主流媒体内容选择和创作的局限。对待新型主流媒体,我们应该尽快采用制度化、规范化、科学化的法治模式。[①]

同时在内部组织中,不同部门之间存在行政壁垒,各部门之间独立的生产工作,相互之间联系和交流较少,更难做到资源整合,共同协作。新媒体部门不仅完全和传统部门分开,而且受到传统媒体渠道的行政式管理,更加无法释放新媒体的活力。在 20 世纪 90 年代末,中央电视台按照传统电视台的规制造了一个央视网,独立于中央电视台。这种把新媒体部门分出去的作风与现在成立新媒体部门的做法如出一辙,都不利于传统媒体的媒介融合。单独的新媒体部门无益于实现传统部门的数字化和平台化;而把新媒体人员渗透入各个不同的部门,因为传统的行政管理化方式,互联网媒体失去生机,也只能形同

---

① 唐远清.新型主流媒体建设的困境与对策[J].新闻爱好者,2015(7).

虚设。只有打破行政壁垒,组建全媒体新闻中心,形成多个部门一套人员的配置方式,才能最大化地提高效率,避免资源浪费。

2. 人员配置机制不统一,人才激励机制不足

现有的人才机制不仅难以适应互联网环境的需要,同时也阻碍了企业新媒体的转型发展。例如,《舌尖上的中国》这部记录中国美食和各地风土人情的纪录片,以极低的成本收获了热烈的反响,一经推出就成为全民现象,独霸双屏。《舌尖上的中国1》的独立用户提及率令人吃惊地达到了49.6%,《舌尖上的中国2》的商业回报更是比第一部涨了20倍。但是作为总制片人的陈晓卿却并不愿意拍摄续集,据他所说的原因是压力无法得到排解,犹如千斤重担在肩。真实情况是,这种脍炙人口影响深远的纪录片,对于制片人陈晓卿个人的激励却微乎其微。这从一个侧面反映出主流媒体现行的激励机制已经无法适应市场条件下人才使用方式的需要。① 最终,在2017年,陈晓卿选择离开央视,成为独立纪录片制作者和美食专栏作家。

不仅如此,传统媒体的体制机制还造成了员工的不平等待遇。例如,中央电视台的员工分为三六九等,待遇最差的员工甚至都无法进入中央电视台的大楼。有的企业传统职工和新媒体员工的待遇有很大差别,两类员工在考核机制和薪酬分配上也存在很大的差异。对新媒体人才的轻视也造成了主流媒体人才的流失。主流媒体若无法实现人员的自由流通和统一调配,形成对新媒体人才和传统媒体人才同等重视的制度,也很难满足再造生产流程和全媒体平台发展的人才和人力管理需要。

---

① 吴志远,罗志刚. 我国地方传媒集团融合发展路径研究[J],华中师范大学学报(人文社会科学版),2015(6).

3.传统业务流程无法实现全媒体立体化传播

目前,传统媒体的采编流程重组依旧是以传统媒介的眼光来看待媒介的变革。许多传统媒体人仍然仅仅把新媒体看作是新加入的传播介质,轻视新媒体在对传统业务流程改造当中的作用,殊不知新媒体巨大的力量甚至可以从最底层开始彻底改变传统媒体的业务形态。

首先,媒介融合背景下的业务流程首先需要统筹策划。传统媒体一般只有一种媒体,或者两种流程很不一样的媒体(如电视和广播),因此部门划分并没有造成多少效率下降。但是,融合媒体渠道和平台极为丰富,单一部门不仅无法满足剧增的信息生产需要,而且容易造成人员和内容资源的浪费。只有致力于全媒体的传播,才能满足多平台多形态媒介产品的需要。因此,全媒体的采集流程出现了一体化的特点:先是根据不同媒介的不同特性和需求,明确共同的选题策划,确定采编任务,随后全媒体队伍采集适合不同类型的素材和信息,内容都录入数据库,不同媒介按需选取内容。

其次,全媒体生产的业务流程需要适合互联网表达的需要,因此采编环节就需要文字、声音、图片、视频等多种载体。为了适应全媒体采集的需要,同时减低成本,就需要可以完成多种类型媒介采编工作的全能型记者。

再次,媒介融合不光是媒体的融合,不同媒介制作的内容也会产生融合的趋向。因此,媒介融合需要具备融媒体工作能力的人才,以制作适应融媒体的内容,对用户生成的内容进行把关和选用。

最后,媒介融合导致受众在媒体上的细分化。不同的媒介产品有不同的用户体验和独特的内容倾向性,因此就产生了因为媒介内容的细分而细分的受众。这就要求新闻媒体在面对不同媒介时,需要根据用户需求和媒介特性做出不同特点的内容产品。①

4. 经营管理市场化程度不高

我国主流媒体的经营管理制度的发展路径,是一条从意识形态宣传为主逐渐向意识形态宣传与经济发展并重的双重属性转变的发展之路。企业形态也从单一的事业单位属性转向事业和企业的双重属性。在这一转变过程中,最关键的因素是广告经营。在传统领域的广告经营上,我国的主流媒体企业经验丰富,但是当新媒体出现后,市场化的经营形态开始多样化,主流媒体的问题就开始显现出来。2006年,中央电视台利用多哈亚运会的机会,开展了手机电视业务。尽管很早就已经拿到牌照,但是中央电视台的IPTV发展依旧缓慢。②

在美国,跨地区、跨行业的大型媒介集团不断壮大,而我国却几乎没有一家具有国际影响力和竞争力的媒介集团。③ 这充分反映了我国主流媒体国际影响力的现状。在业务流程再造中,媒体要打通生产部门和链条,形成全媒体协同生产;同样,在媒介经营管理中,仅仅依赖广告收入无法解决媒体的自身财务问题,要形成媒体融合趋势下的跨媒体、多业务经营模式。主流媒体拥有庞大的用户群和经济实力,旗下诞生的新闻资源也可以作为商品出售。《纽约时报》自家的数据库信息,对外提供付费查询服务,实现了品牌上的网络延伸,开拓了新的业务类型,同时获得了丰厚的利润,为媒体的数字盈利发展提供了一个可供借鉴的样板。④ 同时,主流媒体也可以尝试创新的收费模式。传统媒体一直依赖广告收费,互联网环境下,定制化和高端服务可以

---

① 赵闪闪.媒介融合环境下《燕赵都市报》的业务流程再造研究[D].保定:河北大学,2015.
② 吴荻.媒介融合环境下电视媒介的经营管理[J].新闻世界,2011(12).
③ 顾宇.媒介融合背景下的报网融合探析[D].广州:暨南大学,2010.
④ 彭祝斌,梁媛.媒介融合时代新闻生产经营管理的创新[J].现代传播(中国传媒大学学报),2010(1).

得到发展,对于高端受众,可以采用收费服务的方式,这一收费方式在传统媒体环境中频道和资源有限的条件下是无法实现的。

三、内容层面

媒体在融合创新过程中最重要的两点是内容和技术。虽然技术问题不断被提及,但是内容才是媒体赖以生存的重中之重。无论媒介技术和形态再怎么变化,内容始终都是媒介产业的核心。因此,在媒介融合创新中只重视技术和组织架构仍然是不够的,关注优质内容的生产,以优质内容获得用户的信赖,最终才能实现舆论引导和盈利的双重目标。

首先,媒介内容需要符合互联网表现的需要。麦克卢汉提出"媒介即讯息",强调了媒介本身的重要性。使用一种媒介时,它对社会深刻的影响会比个人用媒介具体做什么更重要。这句话其实提出了不同媒介所具有的特性的重要性。报纸媒介适合刊载长篇幅的文字,因而适合深度化内容;广播付诸人的听觉,具有现场感;电视则可以快速传播视觉和听觉信息。互联网作为一种集大成的媒介形式,集合了文字、声音和图像信息,可以给受众带来全新的媒介体验。这也对主流媒体造成了一定的压力,如何根据媒体的不同特性制作互联网内容成为主流媒体必须要思考的问题。融合新闻的特征可以被清晰地预测为多媒体、即时发布、互动传播等,但是融合新闻要想真正成为一种操作性强又主流的新闻形态,还需要传统媒体在媒介融合的过程中不断探索,不断创新。

其次,互联网的生存环境也给主流媒体内容创新带来了挑战。在全媒体时代,传播内容正在从频道化生存向栏目化、专业化方向生存转变。① 依托融合化的全媒体渠道,可以实现立体化、全方位的传播。例如,《新闻联播》节目组开通了网络视频、微信和微博账号,经过特性化处理,生产出了多样的新媒体内容,并进一步进行全媒体投放。因为我国网络商业媒体不具有采访权,原创性内容并不是网络媒体的主要内容生产方式,只能转载主流媒体的报道,因此,在互联网上发布信息,容易造成竞争媒体的跟进,市场先机被抢占。此外,无法制作原创内容的网络媒体需要在内容编辑上吸引用户的眼球,于是只能变身"标题党"哗众取宠。以上不良的竞争方式对传统媒体提出了更高的要求和更大的挑战。

再次,新媒体的媒介融合生产已经实现了PGC(专业内容生产)与UGC(用户内容生产)的融合。主流媒体不能仅重视自身专业内容的生产,也要为用户生产内容提供便捷的平台,既要保证专业内容的全面、丰富和专业性,同时也要对用户内容进行专业梳理和内容整合,充分发挥新媒体平台用户数据挖掘和资源整合的优势,实现生产内容既具有专业化的水准又能贴合人民群众的需要,制作人民群众喜闻乐见的互联网媒体内容。

最后,主流媒体需要注意自己的政策要求。因为快速、准入性低的特性,商业媒体和自媒体大量涌入,互联网中各大公司为了获取更多利润,开展恶性竞争,于是出现了"标题党"、断章取义,乃至虚假新闻等违反新闻专业性和道德伦理的行为,而有的传统媒体为了争夺新媒体市场占有率也参与恶性竞争,出现了不少影响主流媒体权威性和声誉的不良行为。主流媒体作为我国重要的宣传机构,需要坚持团结稳定鼓劲、正面宣传为主的方针,这就要求主流媒体不能刻意迎合互

---

① 王勇.媒介融合背景下我国广电全媒体发展研究[D].武汉:武汉大学,2013.

联网低俗的信息取向,而要发出积极的舆论引导声音,做到亲民叙述的同时,坚持主流的叙事,在做好传统内容生产的同时,生产更多的互联网优质内容。要坚持党性原则,坚持正确的舆论导向,塑造符合社会主义核心价值观的正面形象,加强社会舆论引导;同时,应满足人民群众的精神要求,打造诸多人民群众喜闻乐见的媒介产品。须知,真正好的媒介产品是二者的结合,如反腐电视剧《人民的名义》正是同时兼顾了上述两点而受到广泛的好评,是优秀媒介产品的典范。

四、渠道层面

随着新的技术日新月异,人们接收信息的渠道也得到了极大的拓展。除了传统的电视、广播、报纸以外,新闻网站、移动客户端、各类社交媒体也成为人们获取信息的重要渠道。渠道所带来的作用越来越重要,正因如此,业界常有"渠道为王"还是"内容为王"的争论。与此同时,主流媒体也正面临渠道危机。手机、社交媒体等多种平台都在分流主流媒体的受众,各类商业客户端、微信公众号使得互联网商业媒体"截流"了大量受众资源。没有良好畅通的渠道,即使主流媒体创作了大量优质的信息,也无法传达到受众,其他一切就无从谈起了。

互联网中兴起的第一批新媒体企业是搜狐、网易、Tom等,他们在发展的初期大多比较重视内容生产。但是如今这些老牌网站的地位已经被BAT(百度、阿里巴巴、腾讯)等新一代霸主取代,但需要注意的是这新一代互联网巨头却都不是主打内容的。百度的搜索引擎,建立了网民和信息之间的渠道;腾讯的QQ和微信建立了互联网中人与人沟通的渠道;阿里巴巴则建立了商家与顾客进行市场交易的平台。① 这些企业都不是直接生产内容的,而是建立渠道,让其他企业、单位和个人生产信息,使用平台的人越多,平台和渠道的价值就会越大。这一切都说明了渠道产业的兴起,传统媒体也需要对传播渠道有足够的重视。

新兴渠道的快速发展既是挑战也是机遇。一方面,新的媒体渠道确实打破了传统媒体垄断的地位,为商业媒体的出现和壮大提供了信息管道;另一方面,新媒体渠道也为传统媒体进驻互联网新媒体提供了合适的平台,降低了准入和开发成本。互联网发迹时期,内容的生产比重较大,而随着受众主动性的增强和各类数据挖掘技术的发展,内容已经不能仅仅依靠专业生产者生产,更需要对各类信息进行聚合和挖掘,这也是平台和渠道越来越受到重视的原因。争夺用户数量和用户的注意力,成为渠道产业兴起的关键,这一点应当引起传统媒体的注意。传统媒体虽然已经在渠道融合方面做出了尝试,如"两微一端"等,提高了在新媒体平台上的传播能力,但是依旧没有突破融合发展的瓶颈,距离深度融合还有较大的距离。渠道融合不仅要有"两微一端"的存在,更要把新媒体平台与传统媒体的资源进行资源共享、协同发展。

除了新媒体资源与传统媒体资源的共享、相互协作以外,还有重要的一点就是创新。传播渠道和平台的创新是促进新兴媒体快速增长的重要条件,创新得到了资本市场的认可,就可能获得更高的估值,因此,创新是互联网发展的重要动力。只有突破传统渠道思维,聚焦新媒体前沿和受众需求,为用户提供更加个人化和人性化的服务,以新的传播渠道,兼有传统媒体优势内容制作,才能在未来发展中拔得

---

① 陈建群.内容为王,还是渠道为王?——新媒体环境下的传媒产业新格局[J].新闻知识,2015(7).

头筹。创新还需要开阔眼界,不局限在传统媒体和新兴媒体的视域,更应该实现跨界发展,聚焦于为用户提供更加个人性和人性化的服务。①

发展新媒体是传统媒体必然的选择,互联网渠道正是主流媒体薄弱的环节,传统媒体只有不断扩展互联网渠道,最后才能在媒介市场的竞争中成为翘楚,引领未来媒体发展的方向。

五、技术层面

人类传播的每一次跃进都与技术发展有着密不可分的关系。互联网技术更是带来了媒介传播方式的深刻变革,对主流媒体也产生了深远的影响。这种变革即使被称为"革命"也不为过,因为新的数字技术打破了传统单一的媒介形式,把不同类型的媒介融合在一起;同时,互联网的易得性使得受众的参与性大大增强,提高了受众的主动性;技术的发展也提供了全新的融媒体新闻形态,使得个性化的互动新闻成为可能;以云技术、移动互联网、便携式终端为基础的移动互联网让随时随地的新闻采编和新闻获取成为可能,GPS位置信息让在场新闻真正实现,基于个人兴趣和位置的个性化新闻传播成为可能,这一切都离不开对新媒体技术的深层应用。

我国目前的主流媒体对于技术的运用仍然是简单的直接运用,于是就出现了主流媒体开通微博,然后把电视新闻稿原封不动地贴进去的现象。把传统媒体生产的内容不加编辑地搬到新媒体上来,几乎成为每个涉入新媒体领域的主流媒体都采用过的做法。这种技术的简

---

① 严三九.中国传统媒体与新兴媒体渠道融合发展研究[J].现代传播(中国传媒大学学报),2016(7).

单应用几乎不会产生良好的效果,许多媒介集团开发的手机 APP 无人问津,正是因为没有鲜明的特色去吸引用户下载。单纯的资源移植无法与商业媒体的资源聚合型的新闻客户端相提并论。主流媒体在媒介融合发展过程中最开始面临的失败就是源于对技术的运用太过简单。媒介技术融合并不是单纯地把传统媒体搬到网上来、搬到手机上来,新媒体融合是指各媒体将新的数字技术,与自己独立开发的功能融合在一起,不仅能实现信息在自身媒介中的传播,还能实现在各种媒介之间的广泛传播。[①] 这就对主流媒体的技术融合提出了较高的要求,不再是简单的内容移植,而且要根据自己的需求进行定制开发,形成自身的特色,满足特定受众的需要。

主流媒体需要把握新媒体的流行趋势,不能一味满足于"两微一端"的布局。我国的互联网企业一直对把握互联网发展趋势具有很高的敏感度,已经不局限于满足,更是"创造"用户的需求,新媒体未来的发展方向必将是智能化、多维度的趋势。例如不断兴起的"智媒"和物联网技术可能是新闻呈现的一个渠道,未来互联网的发展不再是仅有的几个平台的展示,更重要的是成为一种无处不在的环境。只关注内容创新,而忽视技术的发展趋势,将会使得传统媒体沦为媒体内容生产商,无法拓展和延伸产业链条,限制主流媒体的多元化和集团化发展。

---

① 周玉琴.媒介融合下的新媒体再认识[D].北京:北京邮电大学,2015.

第四章　中国主流媒体融合创新现状

伴随着互联网、数字技术和移动设备的迅速发展和普及，高效地搜集和分享信息已经成为人们生活的一部分，而如何搜集和分享信息会深刻地影响媒介环境的发展。当前情况下，网络已经成为舆论争夺的主战场，网络世界已不仅关乎网络环境，网络空间的舆论生态也将直接或间接地作用于国家意识形态安全和社会稳定，传统媒体在传受关系中的优势地位已被颠覆，推动传统媒体和新兴媒体融合发展成为大势所趋，刻不容缓。面对发展为一人一媒体、全时空传播的新型传播形态，传统意义上的传媒业态遭遇到前所未有的挑战。如何推动传统媒体行业及时转型成为媒体人面临的共同问题。在这一背景下，各个媒体或主动或被动地开始探索媒介融合的道路。

中国的媒介融合进程在 2014 年开始逐渐起步，中央在 2014 年 8 月份颁布了关于推动传统媒体与新兴媒体融合发展的重要文件，给我国媒体指出了融合发展的崭新未来。媒介融合带来新的传播格局，开放的媒介市场与媒介政策的推波助澜均为传统媒体的良性改革提供了广阔的施展空间。传统媒体纷纷趁势而上，在融合的大潮中施展拳脚,并取得了初步成效:一方面,以人民日报、新华社、中央电视台等为代表的一线传媒国企在新媒体领域加速投资,加速发展,获得了更大的话语空间和发展空间;另一方面,包括上海广电、湖南广电、南方报业、浙报集团在内的一系列国有传媒企业和民营企业进行了融资,涌现出众多的新模式及新机遇。

第一节　内容层面:专业化与多元化

面对媒介融合的潮流,各家媒体纷纷对内容的专业化予以高度重视。来自四面八方的形形色色的信息每天不断涌入用户的视野,因此,在"保量"无法取得成效的今天,"保质"就成了万全之策。现阶段,媒介产品内容的专业化与精品化日益受到传统媒体的重视,在媒介融合探索的过程中,传统媒体不断地增强多媒体融合的新闻内容生产技能,力求将精良的内容交付到适合的用户手中。报业方面,南方报业传媒集团对旗下的媒介产品进行了内容优化,从单一的文字表达转变为多元的内容呈现,从单纯的文本叙事转化为深度的数据挖掘,推出了包括可视化报道、信息无障碍报道等在内的一系列专业化的内容报道形式;广电领域,上海广播电视台通过内部系统的技术改造和升级换代,对集团内的优质新闻和视频资源进行优势整合,实现了内容库的完全共享,已从一个单纯的电视播出机构转型成全媒体的内容提供商,建立起了一个高质量而完善的内容版权库;作为一个官方主流的信息资讯发布平台,新华社则以客户端为拓展渠道,通过在全球建立专业的新闻采集系统,向用户全天候发布图片、文字等多媒体信息,新华客户端成为全国最重要的智库和信息汇总方,并且已经成为新华社重量级新闻的优先发布平台。下面以比较具有代表性的广东电视媒体群和北京人民广播电台为例做介绍。

一、广东电视媒体群的案例

广东的电视媒体是广电领域内容升级的杰出范例。作为中国电视的南方门户,广东的各个电视媒体在国内电视界都具有举足轻重的地位。借助于改革开放前沿阵地的潮流,承接广东三十年经济高速发展的势头,广东电视媒体在电视事业上,尤其是内容专业化生产上取得了很大的发展,充分发挥着为广东新媒体渠道提供主要内容的作用。

一方面,电视剧的内容储备和知识积累成为广东电视融媒体发展的内容基础,三十年来,广东电视台依托其强大的电视制作实力,储备了一大批优秀的节目内容,这其中,又以构成新媒体内容合作最重要的部分——电视剧为代表。广东电视台曾经率先在国内建立电视剧制作中心,目前在国内电视界大行其道的"独播剧"概念早在20世纪80年代就在广东电视台中实现。2010年前后,南方传媒集团先后组建了南方传媒节目营销公司和南方领航影视公司,专门负责电视剧的策划、制作和营销,先后推出了20多部深受观众欢迎和业界好评的电视剧,其中,谍战剧《捍卫者》收视排名位于中央电视台电视剧频道2013年上半年收视率的前三位。"广派"电视剧成为广东电视台的一面旗帜,也成为广东电视媒体参与媒介融合进程,发展融媒体专业化内容的基础。

另一方面,电视节目和频道的品牌优势也成为广东电视台内容专业化的重要依托。打造专业品牌,发展融合产业是南方传媒集团的重点发展战略,为此,集团斥巨资重点开发和制作本土节目,不仅在提高十个开路频道的影响力、打造优势节目上下足功夫,而且通过节目和频道的视觉形象推广、综艺节目活动的举办、培养出一批批知名主持人等途径,使得其媒体形象在人们心目中留下了独特的印象。在民生新闻节目方面,比较出色的有广东电视台的《630新闻》《今日关注》,另外一些受众关注度较大的新闻栏目还有南方电视台的《今日一线》《今日最新闻》等,《警戒线》《社会纵横》等一大批法制、专题类自办栏目在广东收视市场上也取得了不俗的表现。自办品牌栏目对频道整体收视率的贡献甚至超过了电视剧,这些专业化的节目内容已经成为广东电视媒体应对新兴媒介竞争的利器,同时也成为广东电视融媒体产业的一种成功实践。

作为媒体品牌和节目品牌的载体,电视频道的地位和作用至关重要。多年来,广东电视媒体坚持"内容为王"的发展战略,深入研究市场、对手和电视受众,着力打造了一批体现各自特色和风格的电视频道,南方传媒集团下属的十个开路电视频道成为其中的佼佼者,其中广东电视台珠江频道一直占据着收视率上的领先优势,南方电视台影视频道因其独特的频道定位和长期实行的内容精品战略,成为广东最具竞争力的"潜力股",此外,广东数字电视频道也成为广东电视媒体"二次创业"的生力军。广东专业数字付费电视频道一直走在全国前列,其对分众市场和媒介融合的产业链影响极大,已成为未来广东电视行业与新兴媒体竞争的焦点。未来的广东电视媒体亦将进一步通过数字电视频道介入电视市场,为传统媒体与新兴媒体的融合发展提供更多、更精准、更专业的节目内容。[①]

---

① 周建亮.广东电视融媒体发展研究[D].武汉:武汉大学,2013.

二、北京人民广播电台的案例

北京人民广播电台作为我国传统广电领域的领军者，在媒介融合的进程中亦充当着领跑者的角色。北京人民广播电台总编陆莹女士曾说过："广播媒介与新媒介的资源融合，是数字化后媒介发展的必然趋势之一。"[①]作为回应，从前几年开始，北京人民广播电台积极进行媒介融合尝试，例如内容的专业化和精品化生产。通过一系列努力，北京人民广播电台现在可以进行DAB数字多媒体广播的正式播出，并且有着多达15万用户的16套广播节目和6套电视节目，此外它还完善了发射点建设，以提高连锁店等销售场所的网络覆盖。在利用DAB移动多媒体方面，首次的奥运会火炬传递、赛事情况等现场直播都成为北京人民广播电台联合各专业广播的杰作。除此之外，它还拥有公共服务信息平台的实时资讯更新功能这一特色，第一时间发送天气、财经等实用的生活信息，尽力满足消费者的需求。而今，北京人民广播电台在媒介融合的进程下也针对内容专业化和精品化做出了有益探索。

首先，北京人民广播电台加强了内容建设以实现内容的专业化，并通过用户互动实现更佳的用户体验。新媒介环境中，受众个人以及群体之间的差异不断显现，因此，加强节目的互动性和专业性成为北京人民广播电台的一大举措。一是通过网络、短信等平台增加用户与主持人以及用户之间的互动频率，二是通过细分化节目，增强节目内容的专业性和原创性，一个成功的案例是北京交通台与北京交广局联

---

① 陆莹.广播媒介与新媒介的资源融合[J].中国广播电视学刊,2009(1).

合定时推出专业化的路况报道。

其次,北京人民广播电台充分利用主持人和精品栏目存在的价值,以期扩展市场范围。媒介融合环境下,虽然新兴媒体有着传统媒体不具备的长处,不过也有一些不足,主要体现为它缺乏传统媒体原创的内容资源,另外,在受众基础、品牌精品栏目以及采编队伍的专业培训、职业素养和专业技能等方面也不及传统媒体。北京人民广播电台拥有优秀的主持人、长期的经验和人气的积累,使得他们扮演起意见领袖的角色,其风格和节目特点也塑造了稳定的品牌形象。因此,北京人民广播电台的媒介融合过程发挥了主持人原有的品牌和专业资源,并且融入新的资源,激发市场的活力,从而产生了更大的效益。北京交通台一路畅通在这方面成为一个值得关注的典范,在推广DAB数字音频广播路况导航系统时,电台就以一路畅通几位主持人的声音作为导航提示音,用户可以选择自己喜爱的主持人,进行导航提示。[1]

三、多元化与个性化

媒介融合时代,传统媒体的内容日益呈现差异化、多元化的特征。媒介融合背景下,新媒体平台成为观点的自由市场,人们以比以往更自由的态度在平台上表达自己的观点,因此我们能看到媒介内容在朝着多元化的方向发展。人们在这种五彩缤纷的信息世界里不断获取信息,同时也传递着自己的声音。媒体开始摆脱"千报一面""千网一面"的传统内容生产形式,力求用差异化战略形成品牌独特性,从而在

---

[1] 冉丽.媒介融合趋势下中国广播业的发展策略研究:以北京人民广播电台为例[J].广告大观(理论版),2010(3).

千万同质化内容中脱颖而出。其中,人民日报充分拓展新媒体业务,在内容多元化方面表现优异,《人民日报》(海外版)、各编辑部、人民网及各社属媒体都十分重视微信平台的发展,创建了"侠客岛""学习小组"等微信账号,形成了各微信公众号之间的共鸣,实现了影响力的汇聚;人民日报新闻客户端致力于做"有品质的新闻",将传播内容分为闻、评、听、问等部分。"闻"侧重的是对重要新闻的呈现,其内容主要包括当日《人民日报》的主要内容及国内外重大新闻;"听"是人民日报客户端在媒介融合背景下的重要突破,其特点是将当日重要新闻录制为音频,让受众在不方便阅读的情况下也可方便地获取新闻。与此同时,传统媒体也开始借助民间力量或者发掘自己的核心价值,如中央电视台的 APP 注重发动广大观众的力量,致力于发布"看得见的新闻",人民日报客户端依凭自己的权威性,为用户搭建了直接与省部级官员交流问答的桥梁。

新华网的微信公众号"我报道"、人民网的"地方领导留言板"等,实现了由单向传播向内容共创的转换。在广电领域,中国网络电视台充分利用新媒体优势,在内容多元化方面表现优异。

媒介融合时代,获取对自己有用的信息才是人们使用媒介最根本的目的,也就是说用户对信息的需求更加个性化了。目前中国网络电视台有新闻频道、经济台频道等 22 个中文频道,可满足用户不同的信息需求。此外,中国网络电视台还设有英语频道、法语频道等多个外语频道,用以满足来华外国人及外语学习者的观看需求。与此同时,中国网络电视台与多家省级电视台展开合作,在其平台上开辟了省级卫视专栏,实现了用户在其平台上直接收看各省电视台节目的愿望。这些栏目为中国网络电视台的个性化内容提供了新的资源。

具体来说,以视听与互动为核心的"新闻台"是面向全球、多终端、多语种的新闻信息共享平台,能够 24 小时播放中外新闻,促进国内外民众互相了解。这一平台上有多档新闻栏目,不仅集中了 100 个中央电视台的新闻名栏,也拥有 50 个地方卫视新闻名栏。"综艺台"将传统电视媒体的优质综艺节目转移到网络平台上,应用新媒体传播渠道在实现优质内容大范围传播的同时也实现了与用户的互动。而"探索台"则主要以人文、自然、科学等知识为素材,建成了内容丰富的探索专业频道,为用户提供了丰富的知识。"体育台"全天候地为体育爱好者提供体育资讯与各种赛事实况,还可以直播 CNTV5+的内容,传统电视媒体上常见的体育类节目都可在这一平台上被收看。"少儿台"是为青少年和小朋友开发的一个频道,在这一频道上观众一方面可直接观看中央电视台少儿频道的节目,另一方面可浏览专门为青少年和小朋友量身打造的专题内容。此外,为了迎合青少年的口味,"少儿台"上还有看动画、逛剧场、学知识、玩游戏、参加活动等版块。"美术台"则有更加丰富的艺术气息,提供有一系列受艺术爱好者青睐的资源,其中"中央电视台书画院"发挥着广泛团结我国书画艺术界朋友的作用,成为中央电视台联系中国书画界的窗口。①

第二节　渠道层面:多样化与联动化

在我国传统媒体推进融合发展所取得的成果中,不得不提的就是渠道的多元化。一直以来,"内容为王"被视为真理,但在媒介融合背景下,似乎还要加上一句"渠道为王"。当下,我国主要传播媒体的传

---

① 吴刚.CNTV 媒介融合策略与思考[J].新闻前哨,2010(6).

播渠道花样翻新,信息流动已不单纯依赖于电视广播或者报纸这样的传统媒介。新兴媒体凭借其实时的传播速度、海量的信息内容、多样的信息形态、交互的传播过程、便利的信息检索,让信息无远弗届,成为传统媒体的借力点。传统媒体走上了台网融合、报网融合之路,利用官方网站、商业性网站及便携式移动终端,三管齐下,满足了用户移动化、多样化的需求。

一、多样化的渠道

众多传统媒体已经投入到更多传播渠道的探索之中。报业方面,广州日报主要在其官方微博、微信、新闻客户端、大洋网等新媒体和广州日报主要的新闻版面传播信息;而成都传媒集团除了进行图文报道外,还设立了网络视频直播和引入了网络无线直播技术对一些重大事件进行专业化报道。电视方面,湖南卫视在把握传统媒体播放渠道的同时,围绕核心资源设立了包括芒果 TV 的 PC 端、芒果 TV 的互联网电视、芒果 TV 的手机电视、芒果 TV 的 IPTV 等多样化的传播渠道,扩大了频道品牌节目的影响力;浙江卫视、东方卫视均在把握传统媒体播放渠道的同时,借力网络媒体,与主要视频网站开展合作营销,并拓展移动渠道,将手机客户端的视频播放权纳入手中。广播方面,中国国际广播电台瞄准互联网推出"环球资讯+"APP,致力于打造好看、好玩、好用的新闻移动互联网终端产品。其中,中央人民广播电台的《中国之声》栏目的多渠道传播尤为具有代表性。

中央人民广播电台的融合发展和新媒体转向在 2009 年进一步加快。与之相应的,其代表性栏目《中国之声》也加入了媒介融合的队伍中,积极展开媒介融合实践。目前,《中国之声》主要有以下传播渠道:

第一是互联网平台。中央人民广播电台的新闻网站为中国广播网。中国广播网依托《中国之声》等16套广播频率及将近二百个成员台、千余名专业记者等优势资源,在媒介融合进程已然开始的当下仍然具有卓越的影响力。

第二是互联网电视。由央广新媒体文化传媒(北京)有限公司具体运营的央广广播电视网络台在2010年获批设立。到了2011年年末,国家广电总局验收通过了央广互联网电视的集成运营及内容服务平台,其呼号为"中央银河互联网电视"。此后,央广新媒体与江苏长江传媒股份有限公司、爱奇艺等合作,在2012年夏成立了"银河互联网有限公司"。

第三是《中国之声》客户端。面对移动平台的快速发展,许多媒体都开始有所行动,中央人民广播电台自然也不甘落后,筹建了自己的移动客户端。用户一方面可以在客户端上看到《中国之声》推荐的新闻信息,另一方面可以利用客户端同步收听广播直播,更重要的是,可以利用客户端直接关注主持人发布的微博信息,收藏自己喜欢的节目。《中国之声》移动客户端虽然发布时间不长,但因其明显加强了用户与节目的互动,故未来值得期待。

第四是有声阅读软件。专门为中央人民广播电台音频类内容提供商业化运营的为中央人民广播电台旗下的新媒体公司央广之声文化传媒有限公司,该公司为中央人民广播电台推出的有声阅读软件主要利用手机、互联网等移动终端,整合了中央人民广播电台包括《中国之声》在内的16套广播频率的音频资源。同时国内外音频制作商提供的精品音频内容、国内外文学作者和出版社的签约版权内容也都优化了有声阅读业务。这也让《中国之声》的传播渠道再一次扩充,涉足有声阅读领域。

除此之外,《中国之声》还在各种各样的社交平台上开辟了传播渠道,如《中国之声》微博。其中,公共信息服务主要包括新闻资讯类、社会文化类、时尚健康类、节目预告类等信息;关系建设包括受众互动内容征集、有奖反馈、问早、晚安、非原创内容分享等内容,而且在《中国之声》的直播节目期间,主持人还会用微博与听众实时互动;形象塑造包括媒体内部的展示(包括员工、内部活动展示等)、发起外部活动等;《中国之声》的新浪微电台于2011年8月10日正式入驻新浪微电台,并且在微博上跟广大听众进行互动和交流。《中国之声》新浪微电台的第一枪无疑打得十分响亮,上线第一天就坐上了收听榜首的宝座。在2015年的新浪微电台收听、收藏和电台影响力排行榜中,《中国之声》微电台在国家及电台收听榜上位列第三,并且呈上升趋势。在广播电台中,《中国之声》无疑是佼佼者。除此之外,《中国之声》还开辟了官方微信公众号,经常结合央广网进行重大新闻事件的专题报道,而且每天通过新闻调查让受众参与话题讨论,与《阳光新闻·晚高峰》形成互动,很好地促进了《中国之声》在新媒体平台上与用户的互动。

二、多渠道间的联动

我国传统媒体在融合发展中取得的成果还表现为多渠道的联动式报道。统一媒体的不同传播渠道不再各自为业,而是充分利用各种传播渠道的不同优势,多管齐下共同发力,增强新闻报道的表现力和互动性。例如新华社的长篇通讯《三北造林记》在2013年不仅依照惯例传播,还在新华社的微博、公众号、客户端以及融媒体平台"新华通"中进行多样化立体呈现,这是新华社数字化尝试的重要一步。又如2014年3月,人民日报在两会报道中除了动用传统媒体资源外,还在线上开发了"两会e客厅"报道,综合运用各种方式,多面地传递两会中的重要新闻,传统纸媒记者在报道中担纲网络新闻主播。① 中国网络电视台也一改从前时政报道中严肃的报道形式,通过互联网电视、手机电视、移动传媒、IPTV四大平台向全球近32亿网民全程报道两会。② 而不同媒体之间也减少了单打独斗的局面,开始结成联盟,并利用旗下各式渠道进行资源共享,开展协同报道。其中最具代表性的案例是"七大媒体联盟"的建立,它包括全国省级以上党报联盟、全国晚报联盟、全国早报都市报联盟、全球华文媒体联盟等,汇集了不同传播形态的217家媒体。"七大联盟看青奥"是对该模式的一个较好尝试,它们发挥各自优势完成了信息的畅通传递,将报纸、网络、微博微信群和移动客户端等融合使用,使信息实现了最大范围的传播。具体到广电领域,最具代表性的多渠道联动传播的案例之一就是湖南广电对《我是歌手》总决赛的传播。

《我是歌手》作为一档引人注目的歌唱类竞技节目,进一步提升了湖南广电的影响力。在该节目总决赛中,湖南广电抓住直播机遇,实现了传播渠道的大扩展,完成了电视屏、电脑屏、手机屏、电影屏四屏合一的全方位立体式直播。

第一,利用传统电视机观看。如同看电视节目一样,人们可以锁定湖南卫视观看《我是歌手》节目,另外借助互动软件"呼啦"扫描电视屏幕上的二维码可以参与节目互动。第二,在电脑上观看。一些群体例如学生,由于上学期间携带电视机的不现实性,用电脑看节目成为主要的方式,他们主要是在芒果TV的APP(网页版)的直播区域进行观看,同时还能在观看过程中发表评论。第三,使用手机屏幕观看。

---

① 王君超. 解读2014"媒介融合热"[J]. 新闻战线,2015(1).
② 蔡敏,韦文杰. 媒介融合胜出战略[M]. 北京:中国书籍出版社,2012.

手机作为一种轻便灵巧的手持终端,成为年轻群体更加青睐的视频观看阵地。在手机上下载芒果TV手机版后,可以利用和电脑屏幕观看同样的方法进行观看和互动。第四,在电影屏幕上观看。用电影屏幕观看电视节目,这的确算得上又一个新的进步。在《我是歌手》总决赛前夕,"湖南广电集团与万达影业达成合作,湖南广电携手万达在全国11个城市的12家院线同步直播《我是歌手》总决赛。观众可以通过湖南广电互动软件'呼啦'抢票而获得观影券。当晚共有3 000名观众走进影院观看了直播,而且'呼啦'抢票券兑换率非常高,在北京地区的兑换率高达99%,只有三名观众没有兑换成功,这也说明这种传播渠道广受用户的认可。在这个过程中,'呼啦'软件起到了非常重要的作用。首先观众通过'呼啦'抢票获得观影券,这将观众从线上转移到了线下,另外当观众走进电影院观看决赛的同时,还可以拿出手机,通过'呼啦'扫描电影票上的二维码,参与歌王的投票,同时还可以参与到节目热门话题的讨论中,这个过程又把受众从线下转移到了线上"①。这样,湖南广电在融合发展的过程中很好地实现了渠道的延伸,并在增强了用户互动的同时增加了用户黏性。

第三节 平台层面:技术性与互动性

媒介融合时代,新的传播格局呈现出平台全媒体化的特点,这意味着在"内容为王,渠道为后"的基础上,还必须兼顾"匹配为上"的原则,即将一定的内容通过某种渠道,依托某种平台传递给一定的用户。

---

① 吴文依.湖南广电集团的媒介融合研究[D].南昌:南昌大学,2015.

为此,我国媒体做出了一些有益的尝试,开始超越传统媒体本体,尝试建立小而美的子品牌,打造多元化的传播平台。报业方面,最具代表性的例子是浙江日报集团的"新闻＋服务"型用户平台的建构,也就是"以'浙江新闻'移动客户端、新版浙江手机报、浙江在线新闻网站和视频新闻为核心圈的浙江权威新媒体平台"①,以"边锋网新闻专区和新闻弹窗、云端悦读 PAD 客户端、边锋互联网电视盒子、钱报网、腾讯大浙网新闻专区以及各县(市、区)域门户为紧密圈的主流新闻传播平台"②,以及"以各运营媒体 200 多个微博、微信等第三方网络应用和专业 APP 为协同圈的主流价值传播平台"③。三大平台联合发力,共同打造浙江日报的用户影响力。除此之外,光明日报依照不同用户的需求,分别建设了适用于不同用户特点的传播平台,包括为都市白领而开设的光明都市传媒,以及针对高校学生而开设的光明校园传媒等;在满足残疾人的阅读方面,南方传媒集团建立的无障碍云服务平台做出了很大贡献。广播方面,中央人民广播电台旗下的中国广播网搭乘技术革新的快车搭建了包括网络音频专业平台、全国高校广播节目联盟平台等一系列优势平台。电视方面,湖南广电紧追媒介融合趋势,将旗下的官方网站金鹰网打造成为全国第一个"网络娱乐生活平台",在该平台上,电视、PC 与移动终端合而为一,资讯阅读、社区交往、网络视频观看、网络游戏体验等多项服务备受用户青睐。这其中,中国广播网搭建的多个平台尤为具有代表性。

中国广播网作为信息量大、影响力强的国际一流音频新闻门户,利用其技术进步为用户搭建了多种多样可供选择的消息集散平台。

---

① 哪些经典案例被新闻院校作为媒介融合的教材[EB/OL].(2015-10-30)[2017-08-13].http://media.people.com.cn/n/2015/1030/c192370-27758512.html.
② 陈梦轶.媒体融合趋势下纸媒新闻产品的生产机制研究[D].广东:暨南大学,2015.
③ 徐园.新闻＋服务:浙报集团的媒体融合之道[J].传媒评论,2014(12).

其一是 24 小时不间断的直播平台。这是中国广播网的第一理念。在这一理念的推动下,网站推出了《倾听中南海》等一系列特色品牌频道,《倾听中南海》栏目的设置使广大网民与政府之间建立起了沟通和交流的桥梁,打通了政府部门与网民的沟通渠道,使网民能够通过该栏目更加清晰地了解中央领导的活动,在促进政府工作透明化以及更好地把网民的心愿和要求传达给政府方面,该栏目扮演了民主化的桥梁作用。

其二是网络音频专业平台。中国广播网新版推出了"《珍惜声音》《音频排行榜》《今日导听》等栏目,增加了个性化版式、栏目切换和 RSS 新闻定制服务功能,加强了正版音频媒体库的建设"[①]。此外,网友"不仅可以收听中央人民广播电台和中国广播联盟节目的在线直播和三百多个栏目的在线点播,而且还可以定制高品位高质量个性化的移动互联网产品"[②]。另外,中国广播网在加强自身与用户的互动方面进行了很多探索,当下已建成了一个具有互动功能的音频点评、分享平台,用户可通过留言、发帖等途径与网站沟通,从而打开了同中央人民广播电台交流的窗口。

其三是节目分发渠道与集成交易平台,中国广播网"积极落实中央外宣办的指示精神,构建了全球华语广播网,已经形成了一个覆盖十五个国家和地区的华语传播网络,其强大的音频专业优势,已经成为当地华人华侨和喜爱华语人士的重要学习、沟通平台",目前,其"在当地华语教育、华语传播中扮演着重要角色,具有很强的影响力"[③]。中国广播网依托自身丰富而优质的音频资源,向用户提供传统广播电

[①③] 伍刚.一网听天下——中国广播网第八次大规模改版战略转型定位分析[J].全国互联网与音视频广播发展研讨会,2009.
[②] 朱建勇.中央人民广播电台中国广播网互动平台建设[D].北京:北京邮电大学,2009.

台的优质节目,另外又通过建成多种内容分发渠道,实现了媒体运营的多媒体化,并"规划建立可搜索、储存服务的中央人民广播电台和全国电台、全球华语广播联盟音频节目数据库,搭建面向海内外的互联网视听节目交易体系"①,从而"构建中国广播网视听节目分发渠道和集成交易平台"②。

  平台互动化是传统媒体在媒介融合时代呈现出的另一大特点。社交平台在媒介融合进程中有着举足轻重的作用,社交媒体加速了媒介融合进程,正在潜移默化地改变着媒介生态。我国媒体在融合新闻的生产实践中逐渐意识到了这一点,对社交类应用投以关注的目光,并力图发展相关技术,使得社交平台和新闻传播平台能够更好地结合,以更强的用户互动性形成对平台的依赖。报业方面,《扬子晚报》建立了交互式平台"扬子活力论坛",下设报网互动、扬子文苑、行走南京、大嘴南京、南京城事等版块,用户可以充分利用论坛进行交流互动,参与聊天室讨论,精彩的发言会被《扬子晚报》引用,成为报网互动的典型案例;《中国青年报》的"中青社区"也是依托报纸为母体建立起来的读者互动俱乐部,囊括话题、生活、教育与服务四大版块,下设青年话题、青年调查、冰点周刊、中青体育、同学论坛、大学生实践营等针对青年而开放的互动平台,成为读者集结交流与提供反馈的官方平台。广播领域,中央人民广播电台利用中国广播网同广大网友形成互动交流,鼓励用户在上面与他人分享自己录制的音频内容,这些内容主要来自新闻和文艺方向,它们在电台和网络内容中都占据着重要的地位;而中国网络电视台(后简称CNTV)作为网络电视领域的佼佼

---

① 伍刚.一网听天下——中国广播网第八次大规模改版战略转型定位分析[J].全国互联网与音视频广播发展研讨会,2009.
② 陈恋,陈一鸣,褚俊杰.浅谈新媒体时代广播的发展[J].神州,2012(29).

者,则在平台互动领域表现突出。

网络互动主要有内容互动、形式互动、人机互动、人机交互等形式,以此建立媒体与用户的连接。新媒体和传统媒体在传播方面显著的不同主要在于能否有效地开展互动。媒体要想在竞争中站在制高点,就需要让受众在各个方面参与互动。CNTV 意识到了这一点,组建了一个集视频播放、网友互动等功能于一体的视频播放平台。对于受众而言,与媒体的互动使他们能更好地理解媒介信息;对于媒体而言,与用户的互动加强了用户对媒体的使用黏性,这对媒体品牌的塑造具有十分重要的意义。

在日常新闻的采集、制作和分发中,CNTV 注意探究和利用传统电视媒体和新媒体的优势,扬长避短地生产出更具创新性的媒介内容,采用更具创新性的信息分发手段。一方面,无论对于什么媒体,优质的内容都是媒体发展的核心因素。CNTV 在此基础上对自身媒介内容进行不断革新,既保持了自己核心的新闻报道优势,又尝试紧贴当前用户喜好,生产出更加有趣的、具备分享潜力的内容。另一方面,CNTV 意识到了内容分发渠道对于获得更多受众注意力的重要意义,因此最大限度地开发新闻报道渠道,利用网络电视、智能手机、IPTV 等各种传播手段进行传播,并尽力为受众提供互动机会,鼓励他们对媒介内容进行转发。

除了对大型事件的互动性报道外,面对社交网站迅速发展的现状,CNTV 在日常业务中广泛应用了社交媒体。例如,在直播中使用了"边看边聊"的功能,让用户在观看视频的同时可以参与讨论。CNTV 还建立了社区和微博两大互动平台,计划在社区平台上引入更多具有试听特色的互动应用,并充分发挥微博强大的媒体功能,在重大报道中利用微博打造全新的网络报道新模式。CNTV 互动研发中心以微博用户中心为平台,以全面提升用户体验为目标,在不断提高网友注册数和使用黏度的同时,与各专业子台紧密结合,围绕用户需求、电视栏目等进行产品设计、开发和运营,最终实现了 CNTV 互动产品、优质内容和活跃用户的共同增长。除了传统节目的移植和制作,CNTV 还根据互联网的发展开放了视频节目的分享平台,开辟了爱西柚和爱布谷两个频道,分别定位于视频分享和视频直播,以实现用户全面观看视频内容的愿望。①

第四节 经营层面:资本整合与模式创新

媒介融合带动了传统媒体的资本整合,我国的许多传统媒体开始意识到资本运作的重要性,尤其是传统媒体,纷纷成立了各种产业投资基金或内部孵化基金,依靠转变融资方式重新迸发出活力。报业方面,比较具有代表性的有浙江报业集团,打出了"资本壮大传媒,传媒控制资本"的旗号,秉承稳健高效规范的核心投资理念,真正做到传媒控制资本,在资本运行方面做到更长远的布局,实现资本壮大传媒,从而使集团的主业建设与资本运作形成良性互动,为做大做强报业集团打下坚实的基础。广电领域,湖南广播影视集团有限公司旗下出色的新媒体平台芒果 TV 称其于 2015 年 6 月"完成了第一轮融资,融得资金超过 5 亿元,公司估值突破 70 亿元"②,而第二轮融资也正在紧锣密鼓地筹备中;北京人民广播电台作为广播领域的佼佼者,投资兴办北

---

① 蔡敏,韦文杰.媒介融合胜出战略[M].北京:中国书籍出版社,2012.
② 芒果 TV 筹备第二轮融资 称明年用户目标破 4 亿[EB/OL].(2015-11-05)[2017-12-03].http://guba.eastmoney.com/news,000917,210902369.html.

京广播公司,探索跨地域跨行业运营,在新媒体及数字广播领域、平面媒体领域、数字电视和网络电视领域、酒店管理领域以及其他文化领域都进行了有益尝试。① 由上海报业集团和上海东方传媒集团有限公司(原上海文广集团)联手打造的上海媒体整合大戏更是在去年赚足了业界的眼球,上海报业集团斥巨资引入了澎湃及界面两个大项目,问世伊始令人耳目一新,而上海东方传媒集团有限公司旗下的百视通大举并购东方明珠更是被称为中国传媒行业史上最大规模的一次并购交易。

上海东方传媒集团有限公司(SMG)是中国著名的大型广播电视传媒集团,其以资产并购等方式获取盈利的改革方式受到了很多关注。百视通公司作为 SMG 与全球多家知名的新媒体企业合作组建的新媒体公司,"将以新增股份换股吸收合并东方明珠;同时,SMG 将向百视通注入东方购物、尚世影业、五岸传播和文广互动四块优质资产;百视通还将通过向特定对象定向发行股份的方式募集配套资金,募集配套资金不超过 100 亿元"②。从规模上看,"本次重组为中国传媒行业史上最大规模的并购交易,重组后百视通作为存续的上市公司,总股本将达到 26.3 亿股,按照 2015 年 3 月 25 日收盘价格计算,市值已经超过 1 300 亿元"③。此项重大资产重组创下了中国 A 股市场配套融资额的最高纪录,同时在并购交易额上创下中国文化传媒行业及互联

---

① 冉丽.媒介融合趋势下中国广播业的发展策略研究——以北京人民广播电台为例[J].广告大观(理论版),2010(3).
② XBI/PS4 代理合并!中国传媒业最大并购[EB/OL].(2015-04-11)[2017-12-15].http://news.mydrivers.com/1/412/412778.htm.
③ 王路.百视通重组过会 A 股首家千亿级传媒航母升锚[EB/OL].(2015-04-07)[2017-12-15].http://finance.sina.com.cn/stock/s/20150407/005521893783.shtml.

网行业新高。①

　　媒介融合亦转变了传统媒体的商业模式。传统的"卖广告"的盈利模式穷途末路,中国的传统媒体迎来了一场盈利模式的变革,转向更加开放和多元化的盈利模式,而线上与线下结合的活动营销则成为重点;主要的盈利模式包括"增值服务和产品,无线增值服务及产品,网络互动服务及产品,终端产品及周边市场,数字产品版权盈利"②,以及由其他品牌衍生出的盈利模式等。报业方面,光明日报不再拘泥于以广告、营销推广为代表的传统市场收益,而是在移动增值产品收益中另辟蹊径,打造了手机阅读、手机动漫、语音杂志、B2C 新闻服务、B2B 专业信息服务、光明媒体云等一系列盈利模式。广播领域,以生活信息服务、出行服务、路况服务、MP3、视频电子书服务等为代表的新的增值服务模式已经在大多数广播电台得到了初步尝试。电视方面,浙江卫视也开辟了多元的盈利模式,一方面,浙江卫视向多个网络平台开放播放,极力拓宽自己的播出渠道;另一方面,浙江卫视广泛进行广告招标,积极进行自身品牌营销。另外,经历改版革新后的《中国梦想秀》首次向海外出售版权;《风尚日》等贴近老百姓生活的节目通过为商店做广告等形式拓宽了盈利渠道;《中国好声音》作为一档热播的综艺节目,与腾讯视频合作,利用各种新媒体线上的衍生手段扩展了盈利模式。而东方卫视的《今日大头条》则通过电视与手机端的完美融合,提升了节目的收视排名。

　　随着新媒体技术的迅速发展,用户与媒体的互动程度逐渐加强,对节目的参与愿望也越发强烈,他们不再满足于作为传播过程中被动

---

① 张昊昱. 百视通并购东方明珠通过审批 市值超 1 300 亿元[EB/OL]. (2015-04-07) [2017-12-15]. http://tech.sina.com.cn/i/2015-04-07/doc-iawzuney2698293.shtml.
② 冯蕊. 对广播媒介定位的理解[J]. 新闻窗,2011(6).

的接受者,而更愿直接参与节目、感受节目。在这样的背景下,腾讯视频依托其规模庞大的受众群体及与多终端良好适配的优势为《中国好声音》摇旗呐喊。浙江卫视与腾讯的这次合作开创了台网融合的新阶段,不仅使得平台用户获得了更佳的使用感受,而且为《中国好声音》开创了一种新的盈利方式:在这场由浙江卫视与腾讯合力打造的全民狂欢中,观众/用户感受到"边看边玩"的愉悦,这种愉悦感很快催生了"全民导师"的热潮,并引来了三千多万手机用户与节目的互动,增加了观众对《中国好声音》参与的热情,继而,节目组与腾讯合作发布《中国好声音》手机游戏 APP,也获得了良好的经济效益。以上这些尝试一方面促进了广播电视媒体与受众之间的互动,有利于构建良好的媒介融合局面,另一方面也为电视台创造了新的盈利方式。

如果说浙江卫视的《中国好声音》是电视娱乐节目多元盈利模式的代表,那么东方卫视的《东方大头条》则是电视新闻节目创新商业模式的典范。它通过手机端与电视端的融合,"将《今日头条》的热点数据导入东方卫视,而且为了方便手机用户更加全面地了解东方卫视的企业文化、品牌概念、新闻传播方式等,东方卫视也入驻《今日头条》,开通了'头条号'。'头条号'是《今日头条》针对媒体、自媒体、国家机构及企业推出的专业信息发布平台,主打'兴趣推荐模式',根据用户的阅读兴趣,推荐感兴趣的内容。《今日头条》的用户可以通过 QQ、博客、微信号或注册账号登录,订阅'东方卫视'头条号。《今日头条》的'头条号'开通后,订户可以通过《今日头条》客户端随时随地收看《东方大头条》。据《东方大头条》总制片人周炜介绍,'头条号'新增的专区中订阅数接近 6 万,阅读量超过 1 200 万次。2015 年 5 月开播后,当月排第 12 名,6 月第 10 名,7 月第 8 名,8 月稍有回落,但十一长假排名提升到第 5、6 名的平均收视率位置。《东方大头条》的表现充分说明了这次融合并没有出现电视平台上的节目内容被互联网吞噬的情况,反而提升了节目的收视排名"[1]。

第五节 管理层面:体制优化与流程重构

在媒介融合的背景下,传统媒体开始着手优化媒体管理体制。2014年,时任中宣部部长刘奇葆同志在《加快推动传统媒体和新兴媒体融合发展》一文中强调:"推动媒体融合,必须坚持一手抓发展,一手抓管理。"这就在政策层面上为媒体管理体制的优化与创新保驾护航。我国媒体业已在管理体制的优化中有所创新,旨在破除制约融合发展的体制机制壁垒,具体举措包括成立公司、引入现代企业制度、从政策层面合并媒体机构等。例如重点新闻网站的转企改制就是我国传统主流媒体系统内的一次有益的创新型探索。目前,包括人民网、新华网在内的一系列中央级媒体网站已经先后转为企业编制,进行了公司化改造。转向企业编制之后的主流媒体网站等将转变原先的组织形式,改为以"中心"为主的组织结构,这使传统媒体的组织结构由原先的科层化趋向于流程化、扁平化,在最大限度上解放了新闻生产力和资源的优化配置,更加适应现代化媒介的管理需要。而一些已经转向企业编制的新闻传媒集团,则进一步整合集团化的管理运作体制。正如时任上海东方传媒集团总裁黎瑞刚所说:"如果集团的组建只有物理反应,没有化学反应,集团成员被包在里面像散沙一样,进入市场是做不了什么事情的,所以在集团内,一定要先把他们整合好,把团队打

---

[1] 罗茜.媒介融合视角下的手机电视发展研究[D].重庆:重庆大学,2010.

造好,让他们执行力强,竞争力强,战略清晰,同时有效控制各个单元。"①另外,2018年,原中央电视台(中国国际电视台)、中央人民广播电台、中国国际广播电台"中央三台"合而为一,对内保留原呼号,对外统一呼号为"中国之声",这有利于三家媒体内部多层次、多类型的知识流动,能够增加采编人员的综合传播能力,从而实现媒体真正意义上的融合。②,这次合并标志着我国广播电视媒体的融合发展进入了新的阶段。

"中央三台"的合并意义重大,但这对中国媒体生态环境的影响还有待考察。这里我们仅就三台合并前中国广播网的媒介融合实践进行梳理和分析。中国广播网作为中央一级广播机构,在体制改革与优化层面上做出了尝试。

首先是改革管理体制,创立文化公司。现在,人民网、新华网等中央级媒体的网站已经转制成功,实现了事业与产业的分离,成立了公司,引入了现代化的企业管理制度。中国广播网是脱胎于传统媒体的网站,因为与人民网、新华网等具有一定相似性,它正在以二者的成功转型为参考,逐渐进行现代化公司化的改革尝试,其目标是在媒介融合的背景下,能够利用自身发展优势,扬长避短,在媒体内容和播出渠道等方面进行大刀阔斧的改革,在文化市场的博弈中做强做大。

其次是不断提高业务能力,以高质量的音频内容作为立网之本。对于任何一家媒体,提供专业而优质的媒体内容始终是其核心任务。在各个媒体都在进行新媒体转型的当下,不断提升自我的业务能力,为受众提供更加优质的音频内容仍然是中国广播网的核心追求。业

---

① 黎瑞刚. 整合,蓄势待发——上海文广新闻传媒集团发展策略之思考[J]. 新闻实践, 2006(5).
② 人民日报中央厨房. 三台合并意义重大在哪儿?[EB/OL]. (2018-03-28)[2017-12-15]. http://www.sohu.com/a/226621552_99994436.

务能力的提升可具体到三个方面：首先，不断更新传播技术，追求更高效地为用户提供高质量服务；其次，不断提升媒介内容质量，力求贴近用户，为老百姓所喜闻乐见；最后，不断优化管理，追求媒体日常运作的高效。这三个方面是提升媒体业务能力的基础，三者的有机结合有利于媒体在媒介融合时代取得发展先机。当下，媒介技术的更新迭代引领着媒介形态迅速变化，但人们普遍认同，作为人体表达感情、传递信息、了解世界的重要介质，声音在传播过程中具有不可替代的作用，因此，无论外部的传媒生态如何变化，中国广播网以提供优质的音频内容作为自己安身立命的根本是可行的。在这样的目标定位之后，中国广播网着力更新自己的传播技术，力求建设一个具有卓越传播能力的技术平台，助力优质音频内容的高速大范围传播。详细地说，中国广播网在当下及未来的发展中均将提高业务能力作为基本诉求，不断通过提高自己音频内容的质量来谋得发展，如建立具有卓越资料储存能力的音频数据库、建立优质高效的音频播放、分享平台等，力求将音频传播做到最好。

最后，着力打造一支精通新媒体传播的采编队伍。媒体的竞争说到底是人才的竞争，在媒介融合的背景下，如何提升工作人员的业务能力，如何发挥他们的生产力，均是中国广播网重要的发展诉求。为此，管理人员在这个方面做出的首要的举措是创造一个优质环境，一个让优秀人才乐在其中，进而发挥更大创新能力的优质环境。在这一目标的指引下，中国广播网学习并应用了现代化的企业人事管理方法，一方面将不断从外部吸引优秀人才和提升老员工业务能力相结合，另一方面不断创新媒体内部的业务考评机制，加强人才竞争，能者上、庸者下，这些创新均为媒体工作人员业务能力的发展提供了良好的土壤。乘着媒介融合的东风，中国广播网力求在用人方面改革创新,培养出新一代优秀的中国广播人。

作为我国的权威广播媒体,中国广播网以传统的广播媒体资源和人才优势为依托,充分利用网络技术凸显自己的传播特色和竞争优势,其音频内容可通过传统的收听终端及各种新媒体收听终端进行传播,多样化的传播渠道使得其影响力得以进一步扩大。

媒介融合环境下,我国的主流媒体纷纷开始在借鉴部分国外媒体融合新闻生产经验的基础上,引入创新机制,推动新闻采编生产流程的重构,通过打造通用性内容生产平台、建立数据库与信息中心,使传统媒介与新兴媒介不再各自为政,而是共同协作发出合力。其中最值得一提的案例是人民日报在2015年的两会报道中首次试行的全媒体平台(又称"中央厨房")工作机制,这种工作机制尝试运行了全新的新闻生产流程,实际上是对传统采编模式的一次重构与再造,堪称是一场融合报道的"大练兵"。除此之外,很多主流媒体也开始以打造全新的融合媒体工作形式为目标,重新构建新闻报道指挥台,对新闻采编流程进行升级改革。报纸方面,广州日报报业集团成立了全媒体数字化采编部门,由广州日报夜编中心、全媒体中心(含数字新闻实验室)、音视频部及大洋网等组成;三湘华声形成了一个拥有四级平台的完整新闻流程,也称"四库全书",即线索库、原创库、中央库和应用库,全面立体地呈现"一次采集,多元发布"的新闻生产模式;烟台日报传媒集团将自己旗下三家报社的采编部门进行了重组和融合,重新搭成了一个全媒体新闻报道指挥中心,另外,他们还组建了一个机动的报道团队,用以在突发新闻报道中高效配合,共同完成即时、优质的报道。[①]电视方面,凤凰卫视的"大编辑部"协调机制是流程创新领域的典范。

---

① 陈卓.媒介融合趋势下新闻报道的突破与困局——以烟台日报传媒集团全媒体运作为例[J].新闻学论集(第22辑),2009.

关于凤凰卫视"大编辑部"的机制、功能和运作情况,刘璐解释道:"他们由主要的管理和创作骨干组成了一个'大编辑部',但这个'大编辑部'没有明确的制度规定……这个'大编辑部'有着两方面的功能,第一是出创意,第二是协调。就第一个功能来说,他们很多节目的创意都是'大编辑部'的成员在不经意间聊出来的。当发现一个创意真的可行时,马上找相关专家进行收视情况的广告的论证,如果通过,马上找广告商,广告一落实,节目就开始制作和播出。就第二个功能来说,是将电视、网络、周刊等进行统一规划,对新闻事件作出迅速处理和合理应对,对资源进行整合。它起到信息供应和交换平台的作用,推动新闻信息资源开发在集团内部的水平整合和垂直整合。水平整合,是要每个不同类型的开发平台了解其他平台在做什么,知道彼此有没有相互支援的可能,进而发挥整体作战的功能。垂直整合,即通过协调,使各个加工平台在资源的共享和利用上实现最有效益的运用和发挥。以电视节目运作为例来说,首先是要全频道运作,防止内部竞争所带来的内耗。其次是相互配合,包括栏目间的配合、摄制组间的配合、题材素材的共享。这种配合分两个方面,一是'帮',二是'避'。第三是统一播出主题,在一件大事出现时各个栏目的播出情况要统一调整。"①

对于如何将媒介融合发展的可能性变为现实,凤凰集团做出了不懈的努力,而它总结的另一个重要的经验就是营造发挥潜能空间的企业文化,具体来说,"这一企业文化的特征可以概括为这样几条:其一是对生意的新诠释……在这一观念的认同下,经营凤凰这盘生意使凤凰管理层不断有新的创意产生,凤凰的员工也创意无穷……其二是企

---

① 刘璐,康皎.凤凰卫视:电视媒介品牌之整合营销策略[J].新闻传播,2011(9).

业文化,凤凰的企业文化就是凤凰精神:大度包容,出类拔萃,不断拼搏,永不言败,凤凰集团正是用这种精神凝聚员工"①,一般情况下,由某个电视或者周刊栏目、网络部门的负责人来领导实施融合新闻的业务。此外,各个部门和栏目之间也会形成不同的职能分工,以形成对信息内容的深度利用。例如,《凤凰正点播报》《时事直通车》《凤凰早班车》及凤凰网的《资讯快递》等栏目一般会对发生的重大新闻事件进行第一时间的报道,而更加深入的报道和分析则会由《时事开讲》《新闻今日谈》《时事辩论会》和凤凰网的《凤凰宽频》等栏目稍后在已有的信息基础上完成,从而将信息二次利用。有时,凤凰集团的其他部门也会对一些有特别价值的新闻信息进行第三次挖掘整合,以书籍或者DVD等形式呈现出来。而同样的新闻素材资源在不同的栏目里所被使用的方式也常常不一样,例如在《凤凰正点播报》中是作为消息的稿件来使用,在《新闻今日谈》中则是作为新闻背景资料来使用的,如果被《锵锵三人行》《娱乐串串烧》等栏目使用,那往往就只是作为一个话题的引入。

---

① 刘璐,康皎.凤凰卫视:电视媒介品牌之整合营销策略[J].新闻传播,2011(9).

第五章 推动主流媒体融合创新发展的建议与策略

近年来,伴随着移动设备和互联网、数字技术飞速普及与升级,随时随地获取和传播信息已经悄然成为一种生活常态。面对一人一媒体、全时空传播的传播新形态,传统的媒体业态面临着前所未有的巨大挑战,推动传统主流媒体走向融合创新发展已成为大势所趋,并且刻不容缓。而如何推动媒体融合进程平稳有效地推进则成为所有媒体人共同面临的重要问题。

在科技迅猛发展的大背景下,2014年8月18日,习近平总书记在北京主持召开了中央全面深化改革小组第四次会议,会议通过了名为《关于推动传统媒体和新兴媒体融合发展的指导意见》的重要文件,在讲话中习总书记谈道:"推动传统媒体和新兴媒体融合发展,要遵循新闻传播规律和新兴媒体发展规律,强化互联网思维,坚持传统媒体和新兴媒体优势互补、一体发展,坚持先进技术为支撑、内容建设为根本,推动传统媒体和新兴媒体在内容、渠道、平台、经营、管理等方面的深度融合,着力打造一批形态多样、手段先进、具有竞争力的新型主流媒体,建成几家拥有强大实力和传播力、公信力、影响力的新型媒体集团,形成立体多样、融合发展的现代传播体系。要一手抓融合,一手抓管理,确保融合发展沿着正确方向推进。"中央全面深化改革小组专门召开会议并通过相关文件和习近平总书记的会议讲话(当然不仅限于上述这一例),体现出中央对媒体融合问题的高度重视,而主流媒体将如何应对挑战也成为政府和公众关注的焦点。

从政治角度来看,对主流媒体的定义可以参照复旦大学新闻学院周胜林教授的观点。他将主流媒体定义为相对于非主流媒体而言的媒体,认为主流媒体是影响力大、起主导作用、能够代表或左右舆论的省级以上媒体,主要包括中央、各省市区党委机关报和中央、各省市区广播电台、电视台,以及其他一些大报大台。① 这一定义显示出主流媒体肩负的政治属性和不可替代的特殊地位。在这场必将重大而深刻的媒体变革中,主流媒体由于其特殊的地位和党性原则,肩负着在舆论阵地赢得战略主动、为党和政府工作提供有力支撑这一重要使命,而如何推进媒体融合、推动媒体创新发展、巩固宣传思想文化阵地、壮大主流思想舆论等就成了主流媒体必须面对和亟须解决的重大难题。

江泽民同志在1994年全国宣传思想工作会议上首次提出"舆论导向"问题。他在会议上说道:"舆论导向正确,人心凝聚,精神振奋;舆论导向失误,后果严重。正反两方面的经验告诉我们,引导舆论,至关重要。"②习近平总书记也在主持召开党的新闻舆论工作座谈会时谈到舆论引导的重要性,他提出五个"事关",即"做好党的新闻舆论工作,事关旗帜和道路,事关贯彻落实党的理论和路线方针政策,事关顺利推进党和国家各项事业,事关全党全国各族人民凝聚力和向心力,

---

① 周胜林.论主流媒体[J].新闻界,2001(6).
② 十四大以来重要文献汇编(上)[M].北京:人民出版社,1996:653.

事关党和国家前途命运"。因此,主流媒体亟须在新媒体新平台上继续巩固舆论阵地。

第一节　宏观策略

互联网已经深深地渗透进每个人生活的方方面面,无论是获取新闻,还是学习知识、社交娱乐,网络都已成为不可替代的重要工具,甚至成为一种新的生活习惯。在新技术的不断推动下,信息的传播模式和交流模式已经发生转变,传统的新闻信息传播方式不能适应新环境下公众的新需求和新习惯,这些变化使得媒体行业必须在进行传统体制改革的过程中不断推进体制机制和生产传播各环节的创新,结合新媒体和传统媒体之所长,充分发挥自身影响力,实现多元化作业的媒体融合。

美国马萨诸塞州理工大学普尔教授认为,"媒介融合"是指各种媒介呈现多功能一体化的趋势。其概念应该包括狭义和广义两种,狭义的概念是指将不同的媒介形态"融合"起来,产生"质变",并由此形成一种新的媒介形态;广义的"媒介融合"的含义则更加丰富,不仅包括不同媒介形态之间的融合,也包括诸如内容功能、传播手段、所有权、组织结构等要素和功能的融合,将传统媒体与新兴媒体的传播通道有效结合起来,实现资源共享,并进一步推广多种多样且形式各异的信息产品,最终借由不同的传播平台传达给用户。

主流媒体若要推进媒体融合并进一步实现创新发展的难题,首先要树立和发展符合现在和未来媒体发展方向的正确理念;其次,全媒体时代带来的是舆论的分散化与不可控性,这就需要主流媒体既继承又创新,即既要坚持新闻立台、导向立台的方针不动摇,又要大力发展互联网、手机等新兴媒体,拓展舆论宣传新阵地,进一步深化内部机制改革以适应信息高速流动的多屏时代的发展需求。值得强调的是,媒体融合不是单纯在数量上扩增渠道,也不是追求同质化内容的多平台投放,而应是具有生命力的改革,并且是贯穿整个媒体生态的大变革。

从宏观策略上正确把握媒体融合的内涵和方向,能帮助主流媒体树立正确的融合观念,确立合适的产业发展布局,实现推动媒体走向融合发展的目的。

一、贯彻"全媒体"理念,树立真正的媒体融合观念

无论是哪个领域或业界想要推进改革或变革,都应该率先更新原有的陈旧理念,用能适应新环境解决新问题的思想和观念指导实践工作。因此,为了适应媒体融合创新发展的要求和趋势,主流媒体首先应转变的是自身媒体工作的传统观念。长久以来,主流媒体作为党和政府的喉舌,充分发挥其职能和作用,建立起严肃谨慎的信息过滤机制和把关模式,也形成了具有权威性的新闻信息报道机制,在如今的传播环境下仍旧是对受众最具信服力的新闻内容发布者。但在这样严谨且权威的新闻生产与报道模式下,复杂的信息审核过滤机制带来的滞后性、固有新闻内容生产方式带来的思维僵化、传统垂直分布的层级化管理带来的低效等弊端仍旧不可避免地存在着,在面对技术创新带来媒体业态的新形态新发展时,这些弊端就非常明显地暴露出来了。因此,为了在更加激烈的市场化竞争中仍旧占据主流地位和优势,更好地为党和政府发声,主流媒体必须及时改变传统僵化的管理体制与固有的理念思想,树立起适应新环境新格局的全媒体观念和全

力投身改革创新的担当意识,只有这样才能真正做到及时推进主流媒体融合的进程。

"全媒体"的说法是在媒体融合的探索过程中最先由媒体从业者提出的。如果仅关注"全媒体"这个名词,可以发现它早在1999年6月《中国经济时报》刊载的《消费真无热点?》这一文章里就已经出现了,当时的语境与现在有相似之处,都强调多元化、个性化的需求会带来新的市场空间,但由于那时技术发展的局限,"全媒体"只是指数字化的声音和图像效果,本身并未被赋予深刻的含义。很明显,这种具有局限性的含义与移动互联大背景下媒体业界倡导的"全媒体"概念是存在差异的,现如今的"全媒体"概念有着非常丰富的含义,并且这种内涵还将随着实践和理论的发展不断拓展。

首先,"全媒体"代表着技术发展下拓宽了的信息传播渠道,这一特点亦是媒体融合的基础。过去很长的一段时间里,主流媒体能够使用的渠道资源和频率资源都很有限,广播电视作为主要的传播媒介曾占据非常重要的地位,但是现在,移动终端和手持设备带来了传统媒介无法比拟的便利性和时效性,媒体融合正是为了结合新兴媒介在信息传播上的优势,也就是说,媒体融合是基于拓宽了的渠道实现的;另一方面,也正是多样化的传播方式和传播渠道才能具体体现全媒体"全"的特征。其次,"全媒体"不仅指移动互联时代带来了更加丰富的内容以及多样化的信息接触方式和途径,而且代表着满足受众个性化需求的新的可能性。在媒介和渠道并未达到"丰富"的程度时,受众的选择范围非常有限,主动权和话语权都掌握在占据稀缺频率资源的媒体手上,而在"全媒体"时代情况则发生了变化,受众更加多样化、个性化的选择成为可能,媒介市场的竞争也更加激烈,日趋白热化。最后,"全媒体"也包含着对媒体产业未来发展的新要求,即要求媒体及时吸收和应用新技术、采用和运用新思维,建设崭新的、全方位的媒体生态。"全媒体"不是一个一成不变的概念,而是一个会随着技术更新和渠道拓展不断发展的概念,并且伴随着各方面的发展其内涵将会更加丰富。全媒体的理念不仅要求媒介"扩张",更要求它们相互"融合",不仅需要媒介努力开发和拓展新的平台,更重要的在于有机结合多种多样的媒体手段。"全媒体"的大环境给主流媒体发展以新的机遇,同时也带来严峻的挑战。面对新的媒介环境,主流媒体不能只是为了融合而"被迫"融合,媒体融合也不应单单只是渠道、平台等表面上的融合,更应是贯彻媒体生产、分发等全流程,真正意义上不分彼此的融合。在媒体融合的进程中,不同媒介之间不应该形成竞争和冲突的关系,因为并不是采用越新的技术传播效果就一定越好,也不是冲击性强的视觉传播就一定具有优势,不同的媒介和技术都拥有自己的优势,不能简单地用替代关系来对待媒体融合中的媒介关系,各种媒介之间应该构建相互协作的关系,如何将每一种媒介的优势充分发挥出来,为整个产品乃至企业作贡献才是正确的方向。主流媒体要想实现媒体融合,必须以受众的需求为根本出发点,结合不同内容和手段的传播特点,树立真正的媒体融合观念。而能否实现具有高质量媒介产品的多元化生产和专业化需求的和谐统一,赢得更多的用户青睐,将会成为衡量主流媒体能否继续生存的重要指标之一。

要想树立正确的媒体融合观念,不能只讲技术只讲融合,更要注重培养新思想和坚持自己的原则。2016年2月19日,习近平总书记在主持召开党的新闻舆论工作座谈会时提出,"党和政府主办的媒体是党和政府的宣传阵地,必须姓党"。作为主流媒体,在进行改革的过程中,要做到时刻牢记自己的责任和使命,时刻坚持党性原则和坚持由党领导新闻舆论工作的原则。主流媒体地位特殊,既是党和政府的喉舌,要为党和政府发声,也是党和政府非常重要的宣传阵地,主流媒体需要姓也必须姓党。

对于主流媒体而言,媒体融合的方式和途径是多样的,但目的和原则是一致的。无论媒体融合采取何种方式,或以多快的速度推进,主流媒体在采编和传播的过程中都必须注意在大是大非问题上表明态度,坚定立场,时刻体现党的意志、反映党的主张,维护党中央的权威、维护党的团结。同时,还要增强看齐意识,做到思想上、政治上、行动上同党中央保持一致,始终坚持把党性和人民性统一起来,通过宣传和引导将党的理论方针政策转变为人民群众自觉的意识和行动,并且及时把人民群众的创造、经验以及面临的实际问题反映出来,注重发挥先进文化的引领作用以丰富人民的精神世界,增强人民的精神力量。主流媒体要在媒体融合的进程中坚决拥护党对新闻舆论工作的领导和指挥,学会并善于运用新媒体、新平台、新方式来讲政策、述主张,在新闻工作中要做到深入了解社情民意、及时发现矛盾问题、正确引导公众情绪、积极动员人民群众、切实推进实际工作。只有树立这样正确的观念,主流媒体推进媒体融合才能确保方向正确,才能有底气、有动力进一步推动媒体内部改革的深入。

二、坚持主体地位的同时,确立开放性的发展布局

长久以来,媒体工作者都被要求必须树立正确的新闻工作者价值观念,牢记自身的责任与使命。我国一直坚持"党管媒体"的原则,即我党"依据先进的指导思想,对包括党的机关报和各类市场化媒体在内的媒体机构进行管理规范,掌握舆论主动权,确定其为人民服务、为

社会主义服务的基本导向"①,究其原因便是媒体工作自身的特殊性。媒体工作关乎舆论生态、关系百姓生活,不仅在宣传教育与意识形态领域,在日常生活领域也有重要的影响力。主流媒体更是肩负着国家和人民的期望,肩负着党和人民群众沟通的桥梁和纽带作用,主流媒体只有做到坚持党性原则不动摇,坚持以马克思主义新闻观引导实际,做到想守、能守,也会守新闻舆论阵地,才能发挥好"领航者"的作用,不断巩固和壮大主流思想舆论,推动社会主义先进文化的建设工作。互联网空间的信息良莠掺杂,过度娱乐化、低俗化、虚假性的信息不在少数,但互联网和新媒体仍旧凭借技术先进和媒介接触便利等优势逐步扩大用户规模和影响力,逐步成为重要的舆论阵地。而舆论阵地在哪里,就说明人民群众在哪里,党和政府就应该管理和引导到哪里,相应地,党管媒体就应该落实到哪里。

2016年2月19日,习近平总书记在党的新闻舆论工作座谈会中提出"高举旗帜、引领导向,围绕中心、服务大局,团结人民、鼓舞士气,成风化人、凝心聚力,澄清谬误、明辨是非,连接中外、沟通世界"的48字要求,要求广大新闻工作者做党的政策主张的传播者、时代风云的记录者、社会进步的推动者、公平正义的守望者。面对党和国家寄予的厚望和热切期许,主流媒体要主动承担好新闻舆论工作者应肩负的职责与使命,在互联网空间做到更好地发挥主流媒体在舆论引导上的作用,积极回应人民群众的信任和期望。具体来讲,主流媒体在媒体融合创新发展的进程中必须做到坚持主流媒体的主体地位不动摇,把政治方向摆在新闻舆论工作实践的突出位置。主流媒体的主体地位不是自封的,是在历史的涤荡下形成并确立下来的,是历史和人民的

---

① 段鹏.新媒体环境下党管媒体问题探析[J].现代传播,2017(5).

共同选择。多少年来,媒体工作者都被认为具备引导公众关注方向和议程的作用,主流媒体更是在社会物质生活和精神生活中发挥着不可替代的重要作用。这一点无可置疑,也正因为这样,在今天,主流媒体仍然被当作舆论主阵地来建设和发展,过去我们对主流媒体信心满满,今后我们也将充满期待。

主流媒体的主体地位虽然是在历史发展中确立的,是党和人民的共同选择,但这份信任不能成为主流媒体不参与市场竞争的借口,相反,主流媒体应该以更加积极的姿态参与到新的竞争中,不仅要在意识形态领域巩固自身主体地位,并且要以积极的姿态主动在市场竞争中寻求立身之地。如果只是平庸地安于现状而拒绝与时俱进,就会脱离受众的需求,最终会被发展的大潮所淘汰。在社会主义市场经济的大环境下,主流媒体不仅要守好主体地位,更要经受市场和人民的检验,只有在激烈的媒介市场竞争中守得住舆论阵地,代表主流价值观,对社会文化有强大的影响力,保障得了人民权利,主流媒体才能说自己是真正"主流"的,而非占据着主体地位却难以在新的信息环境中发挥作用。

在坚持主体性的同时,主流媒体还应及时更新原有布局,进一步确立开放性的发展方针。坚持主体性与确立开放性之间是不矛盾的。正如上文提到的,坚持主体性并不是说要因循守旧,拒绝改变,归根结底是要求主流媒体牢记自身的责任与使命,坚守新闻职业道德,对党的事业负责,对广大公众负责。移动互联时代最突出的特征在于分众化的实现以及差异化的传播趋势,个人而非集体被放大,新的问题和挑战凸显,主流媒体要想闭门造车谈发展谈改革显然是行不通的,应该以开放的视野和胸怀看待改革,主动吸收先进的技术和管理理念,以此打通并深化媒体融合。

首先，主流媒体要主动适应经济和技术发展带来的大环境的变化，正确认识在资源配置中起决定性作用的市场的作用，并以积极的姿态融入到市场竞争的大环境中。融入市场环境不是说主流媒体要绝对的市场化，因为主流媒体还有自己的使命和责任，因此应将公益性事业和经营性产业区分开，逐步提高社会效益的同时也关注经济效益的改善。在改革的过程中，具备条件的主流媒体可以适度寻求社会资本的加盟，让金融资本为主流媒体发展注入活力，也让改革更有底气。2016年7月，上海报业集团旗下新媒体项目界面(上海)网络科技有限公司完成总额超过3亿元的B轮融资，这一事件可以算是主流媒体在资本运营方面改革的尝试，凸显出其对资本运营的重视，同时也是主流媒体主动适应市场化发展的表现。同年11月，中国报协设立资本运营专业委员会并成立中国报业投资联盟，这一联盟的成立标志着资本运营的重要性初步得到文化媒体行业中最为传统的报业领域的肯定。可以说，资本运营为主流媒体提供了发展的资本积累，也为传统主流媒体发展注入了活力，资本运营也因此逐步成为主流媒体实现转型融合发展的重要手段之一。

其次，主流媒体可以尝试推进跨界合作，以媒体为支撑，整合市场资源，如运营方面和运营商进行合作、技术方面和硬件厂商及新兴技术型企业合作、内容生产分发方面和视频网站及自媒体平台合作等。当然，跨界合作绝不仅限于此。除了与上述有助于媒体融合的技术、平台、运营商进行合作外，主流媒体要再次明确，媒体融合不仅是为了融合，更重要的是满足受众需求。因此，跨界合作不局限于新闻信息的生产流程，主流媒体可以运用自身改革成果与教育等领域进行合作，同样可以获得经验和经济效益以反哺主业发展。

最后，主流媒体应加强推动台网发展走向互相融通的一体化。早在2009年,我国就有学者针对广播电台和电视台面临的问题和发展的状况提出了中国广电媒体台网关系发展的"三段论"模式,认为我国广电媒体台网关系将经历台网联动、台网互动、台网融通三个阶段。第一阶段是发展的初级阶段,初级阶段的台网联动模式中占据主体地位的仍旧是传统的广播电台和电视台,网络由于技术发展有限、普及程度不高等客观原因处于附属地位,但二者相互宣传,其基本表现可以概括为"网为台服务,台为网铺路"。到第二阶段,也是现今所处的阶段,新媒体开始逐步崛起,并通过一系列的融资兼并等方式成长起来,逐渐变为大而强的经营实体,在内容或经营等方面一定程度上与传统电台、电视台相分离,这种分离带来新媒体经营实体的形成和传统电台电视台的并存,这也是我们所说的台网互动得以实现的基础。在这一阶段,年轻观众不断流向网络,电台和电视台广告收入趋缓,受众的媒介接触和使用开始向移动媒体和社交平台转变,传统媒体也在这一背景下开始主动参与台网联动,并进一步形成二者互动的局面。现在就有很多电视剧已经实现在电视平台和视频网站上的同步观看,这种同步观看的方式既能充分发挥视频网站方便与灵活的特点,也能充分照顾到电视机前的忠诚观众,相较台网关系发展初期,创新性地采用了"一剧两线"的播出方式,发挥出台网互动的优势。同时,许多电视节目在播出时也推出微信摇一摇、微信红包等方式,这都算是在台网互动方面的实践。在这里举一个例子,2012年8月,《童话的二分之一》开播,该剧采用与传统电视剧不同的"AB剧"的播出方式,也就是一个故事拥有两种不同的结局,由受众在已公布的结局中进行投票,票选出的结局分别在电视台与视频网站这两个不同的平台播出,即A线剧情在湖南电视台播出,B线剧情在腾讯视频独播。这种方式不仅发展了"一剧两线"的方式,也开拓了电视台通过网络视频平台吸引更多受众参与电视剧的新模式,有效增进电视台、互联网与受众三者之间的互动,其背后是传统媒体寻求合作主动性的提高以及网络主导性的不断增强。随着技术的不断发展,新媒体数据库建设也会逐步走向完备,新技术将帮助媒体基本完成对信息的深度整合和整理,而用户也会逐步适应和养成新的媒体使用习惯。在此基础上,台网关系将走向第三阶段——融通阶段,也即台网一体化发展。从目前国内新媒体市场和互联网的发展速度来看,这一阶段就在不远的将来,主流媒体要摆脱过去台网分离的传统思想,积累融通发展的技术支持并引导受众转变观念,积极探寻台网一体化发展的道路。

三、转变现有体制机制,推动媒体融合发展

正如前文所一再强调的,媒体融合将是媒体发展的方向,面对新的环境和出现的新问题,依靠原有体制机制显然并不能适应现今媒体发展的要求。因此,为了推进媒体融合创新发展,主流媒体必须及时改变僵化的体制机制,而这一改革也是媒体融合成功推进的关键一步。

从商品论及媒介产品的特性出发,媒体产业不能只关注文化属性而忽视自身承载的经济属性。市场在资源配置中决定性作用的确立不仅显示出市场的活力和重要性,也说明今后主流媒体要投身的竞争是更加市场化、资本化的竞争。为了应对这种残酷的竞争,主流媒体必须拥有强大的转型力度和改革魄力,不仅要改变传统的经营理念和过去的认知观念,更要与时俱进,用互联网思维反思自己的产品体系和产品架构,再造业务流程,积极寻求创新,深化推进并顺利完成体制机制改革。

推进现有体制机制改革是媒体融合的重点,也是难点,是全球媒体行业共同面临的挑战。尽管没有统一的解决方案,我们也不妨通过参考国外媒体体制机制改革的措施和计划来得到些许借鉴。例如,BBC在转变原有体制机制推进媒体融合创新的过程中,就通过废除原有频道制,改为采用内容和用户导向的部门制这一措施。BBC的记者在完成采访任务后不再像以前那样为相互独立的广播平台、电视平台和网络平台供稿,也不再由记者分别完成各自平台的采编工作,而是直接为BBC旗下所有媒体供稿,并且BBC将原有部门进行大整合,成立了跨平台多媒体新闻中心,由一套人马、一个平台生产出多样态的媒介初始内容,然后由编辑根据各平台的特点和不同受众群体的需求选取适当的内容进行二次"深加工",最终生成各种形态的新闻产品,实现在各平台的内容投放。体制机制改革不仅使采制生产和内容分发环节发生变化,伴随而来的还有责任划分的变化。当采制生产和内容分发发生改变后,责任划分不再受媒介形态和不同平台约束,记者需要对所有平台上投放的自己采集的内容产品负责,编辑则要对各平台媒体及版面、节目的定位和风格负责。

国内媒体也有很多内部体制机制的改革尝试,也有不少与互联网企业寻求合作。以新华社与华龙网的合作为例,2014年,"重庆新华龙掌媒文化传播有限公司"宣布成立,新华社与华龙网携手,致力于搭建一个全市的党政客户端集群,形成一个内容生产、渠道扩展、媒体运营等多方面综合发展的移动互联网终端。新华龙掌媒公司充分利用移动互联网的技术优势,不断完善政府政务的在线服务吸引更多的用户,目标是"打造一个集新闻发布、公共事业服务、商业服务、生活服务等为一体的全方位的产业链条"。不同于传统政务客户端等媒体,该公司采用新的互联网思维,坚持用户至上的理念,在经营上面向市场,积极探索媒体产业的发展新模式,"努力搭建以文化宣传作品、产物为对象的在线电子交易商城,初步设想可实现类似实体书籍、电子出版刊物、音视频的在线交易。经营范围包括增值电信业务,如网络数据中心业务、传统出版、电子出版、电子公告、计算机硬件软件及承办商务文化活动等,涉及的内容全面,力争探寻一条面向市场、服务大众的产业链条,以实现区域资源的整合、行业对接的跨平台融合方式,促进互联网产业的优化布局,实现更大的经济效益"[①]。这种搭建全方位产业链条的模式是具有长远眼光和生命力的,但在跨平台融合、商务文化活动承办、文化作品产品变现等方面仍旧困难重重,需要不断地摸索才能找到适合媒体发展的道路,并且这种道路的探索成果也不会具备普适性,应依据所聚焦的市场、针对的用户进行细分,才能达到最好的效果。

综上,尽管国内外不少媒体在推进媒体融合的尝试中取得了不可小觑的成果,但模式还不稳定。另外,我国还有很多媒体处于静观其变的阶段,没有积极主动地采取措施推进内部体制机制改革,由此而言,我国媒体内部改革仍旧有很长的路要走。因此,我国主流媒体在推进媒体融合进程时,在部门设置方面,应打破传统媒体时代广播台、电视台、互联网平台各自独立的局面,建立跨平台的多媒体整合中心,逐步实现新闻信息的一次采集、多种生成、多元传播;在管理机制方面,应该摒弃过去低效的垂直化行政化管理体系,转为采用更有效率的扁平化网状体系;在日常监管机制方面,可以建立完善的考核评价体系和内部奖励机制,提高内部人员对转型的热情和支持;在整体流程融合再造的过程中,要注重如何形成良性联动,不能孤立改革、表面融合,否则主流媒体在媒体融合发展的竞争中将很难发挥自己优势。

---

① 殷俊,何芳. 媒体融合新业态发展研究——对央地共建"新华龙掌媒公司"的分析[J]. 青年记者,2015(4).

第二节　中观策略

一、转变区域发展策略,进行跨区域整合

1983年3月31日召开的第十一次全国广播电视工作会议提出四级办广播电视的方针,自那之后,中央、省、市、县"四级办台"的方针就在我国得到广泛地认可和落实。在过去较为落后的经济条件下,我国媒体长期以来遵循的都是行政化管理,每一个媒介产品的推出都要经过层层审批。这一方针在过去确实发挥了正面积极作用,在广播电视还未普及、资源相对匮乏的时代,该方针有助于充分调动地方各级政府和社会力量办广播电视的热情,有助于在较短时间内扩大广播电视节目覆盖范围,对早期广播电视的发展起到了不可替代的推动作用。但是,随着市场化、产业化的步伐和科技发展的高速推进所带来的时代发展和环境变化,"四级办台"的弊端也逐渐暴露。

首先,"四级办台"导致各级媒体可能出现重复制作,大量同质化内容涌现;重复购买相同的节目或播报同样的内容,使得各级广播电视台同时或先后播出相同内容。其次,早期"四级办台"有助于扩大广播电视覆盖范围,原因在于很多不发达地区普及广播电视是困难的,无法统一推进。但随着时代发展,我国政府发挥其职能作用实施了多项重大基础设施工程建设,"村村通"工程、西新工程、"户户通"工程都已经取得显著成效。此外,移动网络的迅猛发展也使得不少欠发达地区居民直接跳过广播、电视阶段进入个人电脑、智能手机阶段。有线电视也走向数字电视等常规设备购置和更新的进程,步入移动互联时

代。这种迅速发展的态势显然远超预期,媒体重复覆盖的问题显现。为争抢市场以求生存,各级媒体不得不扩大规模,加大设备建设投入和内容投放。这种竞争局面导致各级主流媒体间相互抢夺市场,致使力量分散,失去凝聚力。同时,各级媒体传递的新闻信息在很大程度上是类似的,这种缺乏核心竞争力的同质化内容并不能给媒体带来良好的效益,媒体基础建设、设备的维护、频道资源的占用也都造成了资源浪费等问题。

除此之外,市场经济的大环境也反对垂直分级的行政化管理。市场化竞争机制本能地拒斥这种行政化管理的束缚,力求达到信息互通、资源共享、实现最大资本收益的目的。因此,主流媒体需要进行跨区域整合,在管理上协调各级媒体推动构建媒体集团,在日常管理上推进机构向扁平化方向发展,充分利用现有资源形成自己的核心竞争力。

综上所述,"四级办台"方针和传统的行政化分级带来了"条块分割、各自为政、又松又散、有系无统"的局面,面对激烈的市场竞争,主流媒体亟须进行改革,即通过机构调整、资源整合和联合经营等方式将过去分割的"条块"结合起来,从根本上消除固有体制存在的弊端。例如,南方传媒集团作为一个省级传媒集团,在成立之初的两年时间内,共计投入5 000多万元鼓励市、县两级发展广电事业,形成以省台为龙头,以业务为纽带的局面,发挥集团整体优势,致力于实现传统媒体的规模发展、联合发展、协调发展、持续发展。这种集团化的发展方式能做到整合各级媒体资源,共享基础设施和现有设备,节约成本,汇聚力量,并最终实现主流媒体优势资源的整合融合,增加整个媒体集团的市场竞争力。

主流媒体进行跨区域整合,实现资源共享,加强市场化运作,并不是只强调市场属性和企业属性。作为主流媒体,无论推进何种改革都必须坚守事业属性不动摇,即充分发挥自身党和政府的喉舌作用,坚持以正面宣传为主,做到正确引导舆论,兼顾公共事业发展,杜绝"权力寻租"等一味追求利益的行为,维护主流媒体的公信力。

二、打造主流媒体品牌,培养用户黏性

在媒体市场竞争并不激烈的过去,可供选择的媒体有限,内容有限,主流媒体往往通过自身的身份名片就可以确立其他媒体难以比拟的优势,可以赢得丰厚的广告商赞助,占据主流市场,因此主流媒体并不需要刻意在媒体发展规划时提及品牌意识的培养。然而,现今媒体间竞争加剧,供求失衡,加上市场的因素使得媒体竞争在相当大的程度上就是要依靠品牌去竞争,媒体也只有通过创造和扩大品牌价值才能提高"注意力主体"的忠诚度,才能因此而吸纳更多的资金,从而赢得更大的发展空间。①

在现今的发展阶段,我们必须承认的是,技术的发展带来了渠道的扩展和平台的增加,比起广播电视占据主导地位的时代,如今传播的形式更加多样,获取信息的手段更富选择性,用户对媒介的选择性需求更是达到前所未有的满足,但选择的增加并不能改变大量同质化内容充斥于信息环境的现象,正如我们每个人都能体会到门户网站之间、网络媒体之间信息同质化是多么普遍。特别是对于热点问题,一篇热评或报道往往能以全文转载或片段摘录的形式出现在数十家媒体的页面上。同质化现象不是突然出现的问题,而是在媒介市场长期

---

① 殷俊等.新媒体产业导论——基于数字时代的媒体产业[M].成都:四川大学出版社,2009.

竞争中普遍存在的问题,无论是娱乐综艺类节目还是新闻信息,媒体之间的替代性十分明显,竞争底线相当脆弱。在节目和信息供过于求的现在,受众接触媒介时的标准就是受众本身偏好的体现,也表现为受众对特定媒体的忠诚度,即品牌。只有具备高品质、能够占据主流市场的品牌才能拥有更多的受众,进而占有更大的市场份额。所谓高品质的品牌是指在媒体市场竞争中占据优势的品牌,同时这些品牌也会成为广告商广告投放、用户接触使用时的首选品牌。主流媒体培养品牌意识,确立品牌战略,既可以体现在新闻报道方面,即争取做独家新闻,做有特色的品牌栏目,也可以体现在节目编排的创新上,即打造独特的节目内容或节目形式,要与时俱进地适应受众需求,增强自主创新能力,而不是一味地引进和跟风。

创新的形式、独特的理念、个性化的内容在竞争中的效果和重要性日渐突显。以中央电视台为例,近年来中央电视台尝试着推出了一系列独特的文化类节目,例如《中国汉字听写大会》《中国成语大会》《中国谜语大会》,以及近来大热的《中国诗词大会》和《朗读者》节目。除最近推出的《朗读者》节目之外,其他节目均属于大型演播室文化益智类节目,将我国传统文化元素与智力竞赛这一充满娱乐性的方式结合起来,达到寓教于乐的效果。独具匠心的节目表现形式也在一定程度上体现出了"全民参与性",正如《中国诗词大会》的节目宗旨,是引导受众静下心来"寻文化基因、品生活之美"。《朗读者》节目可以说是中央电视台在节目创新上作出的进一步的探索,在节目现场,白岩松评价说,"《朗读者》是一个回归本源的过程,朗读虽然是一个现代的字眼,但是中国文化一直以来就在强调读与说的形式"。节目并非聚焦于"朗读"的形式,死板地传诵经典,而是将重点放在"者",即将节目重点放在传递文化的力量和个人的情感上。这一系列文化类节目的推出,可以看作是中央电视台在电视综艺节目市场探索自身媒体定位、确立品牌定位的尝试。"文化+综艺"的形式不失为主流媒体在内容创新和品牌推广方面一个可行的突破方向,优秀的文化类节目所带来的影响力、品牌美誉度将比缺乏新意的娱乐综艺类节目更广泛持久。

三、搭建云平台,实现资源共享

2010年12月,美国科学技术顾问委员会(PCAST)和信息技术顾问委员会(PITAC)向时任美国总统奥巴马及美国国会提交了一份名为《规划数字化未来》的战略报告,其中将大数据的收集和使用提高到了国家战略层面。2012年3月,美国总统奥巴马签署并发布了"大数据研究发展创新计划"(Big Data R&D Initiative),宣布美国将投资2亿美元启动大数据技术研发。我国在大数据的研究和应用方面起步较晚,但发展迅速。2014年,中国大数据市场规模为767亿元,而到2015年,中国大数据市场规模已经达到1 105.6亿元,同比增长44.15%。同年8月31日,国务院发布《促进大数据发展行动纲要》,这是指导我国大数据发展的国家顶层设计和总体部署。目前,世界范围内的大型互联网企业几乎都已将业务范围扩展至大数据领域,无论是社交媒体、门户网站,还是电子商务平台,都将成为大数据活跃的舞台。大数据正在完成由"技术热词"向"社会浪潮"的转变,大数据的发展和应用也会影响社会生活和每个个人。

何谓大数据?顾名思义,大数据指巨量数据的集合,是无法在一定时间范围内用常规软件工具进行捕捉、管理和处理的数据集合,是需要利用新处理模式处理后才能具有更强的决策力、洞察力和流程优化能力的海量、高增长率和多样化的信息资产。借由大数据可以进行商业的精准营销或传统服务的转型升级,结合需求和库存状况能实现价格的实时调整。因此对于任何行业来说,大数据都是很有价值的。

既然大数据是无法通过常规工具处理的巨量数据集合,业界就必须舍弃传统数据处理方法,采用新的方式对其价值进行深度挖掘,而发掘数据价值,最主要的方式便是云计算。2013年开始,大数据技术就已开始和云计算技术紧密结合,就目前趋势来看,预计未来两者关系将更为密切。因此,转向云计算,也就成为业界必须面对的重要挑战,而各种云平台的搭建是实现该转变最重要的环节之一。当前,移动互联和网络技术的发展已带领媒体进入技术驱动时代,数据采集、存储、处理技术的进步使得搭建云平台以实现各个平台之间的资源共享不再是痴人说梦。

主流媒体搭建云平台是适应大数据时代要求的,媒体云平台的搭建有助于将传统媒体运营与移动互联网方式相融合,打通和整合主流媒体旗下全部数据资产,进一步方便各部门各平台资源共享,提高信息处理速度和工作效率,在此基础上主流媒体就可以优化传统生产、分发流程,并且达到节约成本的目的。

第三节 微观策略

一、媒体融合创新发展的技术保障

技术发展可以说是媒体融合的根本动因,正是由于数字技术的发展和移动网络的普及,受众日常获取和传播信息的途径才会发生颠覆性的变化,媒体相应地就需要推进媒体融合以满足受众的新需求和新期望。因此，若想推动媒体融合创新发展，技术水平能否跟上将成为非常重要的影响因素。现阶段，技术的保障性作用主要可以从数据库建设和进一步改善用户体验两方面来看。

正如前文所述，近年来大数据一词的热度持续攀升，在各行各业都广受关注。大数据可以帮助媒体更深入地了解市场需求，为受众画像，也可以帮助媒体储存和分析内容，了解自身长短处，甚至可以基于数据分析达到以往反馈乃至前馈的作用。主流媒体对大数据的应用可以从两方面入手，一是建设内容数据库，二是建设用户数据库。

互联网语境下，内容可以分为流量内容和存量内容两个类型。流量内容主要是指新闻内容。新闻内容应丰富多样，涵盖范围广泛。针对这部分内容，主流媒体应以搭建广泛而全面的数据库为卖点吸引受众稀缺的注意力。此时，要注意新闻信息时效方面的重要性。传统新闻要求的实时性已经不能满足如今激烈的信息速度竞争，当受众有闲暇时间查看实时推送或新闻信息时，主流媒体提供的应该是此时此刻同步发生的新闻，并且使受众可以在众多领域中选择自己感兴趣的类别，以此满足受众对新闻及时性或者说同时性的需求。

同时，主流媒体也要加强存量内容的数据库搭建。存量内容更多地凸显主流媒体专业化的特点，即知识功能。存量内容数据库的作用体现在两个方面。第一，在信息过剩的今天，主流媒体不能仅仅追求速度而忘记温度，不能一味寻求"新闻"而放松对精品内容的追求，专业深入的连续报道和针砭时弊的点评分析同样重要，这些内容是体现主流媒体专业性、导向性的有力武器，主流媒体必须搭建存量内容数据库以凸显其不可替代的社会功能。第二，优质存量数据库的搭建能为主流媒体未来发展带来更多机会和潜在收益，具体包括抓取广告、收版权费、做付费阅读等。但不能忽视的是，目前国内媒体在付费内容方面仍旧存在很多问题。首先,长久以来,我国在版权维护方面都存在巨大的环境缺失,网络版权保护就更是如此了。开放和共享是互联网的生命,这一特质给媒介产品带来了较以往更加广泛的传播范围,但也带来了版权保护方面的隐患。主流媒体在推动媒体融合的进程时,不能忽视自身版权保护的问题,遇到版权侵害情况应及时维权。其次,内容资源不同于其他商品,很难被估价和定价,现阶段,无论哪个国家或团体都未能给内容和信息确定一个准确的定价标准,其价值是模糊的,内容带来的价值能否在一定程度上支撑主流媒体乃至一个行业仍然需要经过不断的探索和尝试。综上,流量内容和存量内容数据库的建设,将有助于增强主流媒体竞争力和未来发展潜力,为后续各平台的内容投放提供基本保障,即为媒体融合在内容上提供基本保障。

另一个重要方面则是用户数据库建设。受众一直是媒体关心的焦点,究其原因,根本上是因为受众的满意度与使用意向将关乎媒体存亡。也正是为了自身存亡,媒体需要了解受众,于是受众调查便应运而生,成为了解受众需求和满意度的重要手段之一。受众调查是以读者、听众、观众为对象,以了解他们对新闻传播的需求、态度、意见和建议为目的进行的社会调查活动的总称,属于信息反馈的研究范围。传统的受众调查分为两类,一类是直接调查,另一类是间接调查。直接调查主要有深入访谈法、焦点小组座谈法等形式。间接调查从对象上可以分为全面调查和非全面调查,全面调查信息反馈全面但可操作性低,非全面调查则主要通过调查问卷的形式,问卷内容的设计多是围绕受众兴趣倾向和使用感受展开,由受众自由选择是否参与。但无论哪种方式,传统受众调查方法一般来说都具有类似的缺点,即工程量较大,内在或外在干扰因素较多,耗费时间较长。用户数据库建设和受众调查其实不乏类似之处,借由网络媒介进行用户数据的收集与传统媒介在受众调查方面最大的差别是网络媒介在功能上的超越。互联网技术结合大数据技术可以在很大程度上弥补传统受众调查的不足,通过对用户的内容排序、关键词搜索、点击率等大量数据的收集,可以分析出传统受众调查想要掌握的绝大部分资料,并且更具时效性、真实性和准确性。主流媒体应通过受众数据抓取建立自己的用户数据库,这一数据库的建立有助于实现受众需求的准确定位,明晰用户画像,并由此形成较为清晰的新媒体内容产品的定位,为用户筛选、推荐最适合的内容,提供量身打造的资讯或是商品。同时,这也有助于主流媒体在很大程度上避免内容制作和平台搭建的盲目性,进而确定新形势下媒体建设的方针策略,这样主流媒体推进媒体融合发展才能有方向,有目标,不走岔路弯路。

谈到用户的话题,就自然会牵扯到用户体验。可以说,提升用户体验是媒体融合的根本动力所在,也是目的所在。一直以来,许多产业都非常注重用户体验,单就媒体产业来说,节目内容的编排、播出时间的确定、热线电话的开通等举措都是为了提升用户体验,满足受众需求,培养用户黏性,以稳定现有受众并进一步将潜在受众变为忠实观众。在今天,技术发展的突飞猛进是有目共睹的,新技术的出现与发展一方面能推动媒体产业自身优化升级和更新换代,另一方面,这些最新的可视化控制和感知技术无疑将在未来带给用户更好的体验。伴随 VR 等技术的发展和在生活中的运用成为现实,人类的感知再次得到延伸,新的设备充分激发起用户的好奇心,沉浸式的感官体验将使用户的娱乐需求在最大限度上被满足。但是仅有设备的更新是不足以满足用户需求的,适应新设备的内容能否早日被创造和发现已成为用户和企业关心的问题。媒体融合正是要结合和利用现有新兴技术开拓新的传播阵地,主流媒体在推进媒体融合创新发展的过程中能否掌握新技术、创造新形式的内容,则成为能否抓住机遇抢占新兴市场,进而培养具有较高忠诚度用户的关键。

二、新闻生产的转变

1.融合新闻的发展和数据新闻的尝试

媒体融合发展已经成为当今媒体发展的必然方向,而技术的发展和进步无疑是这一进程最重要的推动因素。也正因为技术因素的推进,传统凭借单一媒介进行线性新闻播报的形式将会在激烈的竞争中逐渐失去曾经的绝对地位。而在这一激烈的竞争过程中,正如我们所经历的,主流媒体在一定程度上面临着来自"自媒体"的威胁。

2006年美国《时代》周刊年度人物评选时,获奖的不是传统意义上的个人,封面上出现的"You"和一台PC,代表着获选的年度人物是处于信息时代的每一个人,每一个正在成为"新数字时代民主社会"成员的人,每一个作为互联网上内容使用者和创造者的个人。这个"个人"的主体作用越来越凸显,其中一个重要的表现就是近年来"自媒体"的迅速发展。自媒体又称"公民媒体"或"个人媒体"。2003年7月,美国新闻学会媒体中心曾发布由谢因·波曼与克里斯·威利斯两位联合提出的"We Media(自媒体)"研究报告,其中对"自媒体"下了一个十分严谨的定义:"自媒体是在普通大众受数字科技强化、与全球知识体系相连之后出现的一种理解普通大众如何提供与分享他们自身的事实、新闻的途径。"自媒体不同于传统媒体的最大特征在于,传播者是普通大众而非专业的媒体和其中的专业新闻媒体工作人员。根据这个定义,我们日常使用的博客、论坛、微信、微博等都属于自媒体。对于传统媒体而言,媒体运作无疑是一项复杂的工作,需要花费大量的人力、财力和精力去维护。而个人利用网络传播信息准入门槛低,没有专业性要求,操作简便,每个人的所见所闻都可以成为新闻,每个人也都可以成为信源。在话语权得到伸张的时代,每个人都在尝试着发声,"人人皆记者"的时代看似到来了。但是,主流媒体不能就这样"消声",不专业的"公民记者"队伍良莠不齐,传递的新闻真假难辨,"有话要说"的人很多,但能有理有据"好好说话"的并不是所有人,拥有正确观念并且具备良好表达能力"把话说好"的也不是所有人。传统媒体的确面临挑战,但是其专业化的特点不能被轻易取代,特别是主流媒体传达新闻信息和价值观念的功能,既不能被取代,也不应该允许被取代。"人人皆记者"表达的是自媒体的蓬勃发展,是信息来源的多样,更是话语权的伸张,而非对主流媒体及其从业人员的取而代之。主流媒体要充分发挥自身优势,以专业化的内容生产和技术性的展示形式彰显其特殊性。

《华盛顿邮报·互动新闻周刊》(*Washington Post，Newsweek Interactive*)副总裁罗伯·科利曾说过,"未来的新闻是移动的、即时的、视觉的、互动的、参与的和可信的",当技术发展到一定阶段,新闻的展现形式必然是多样且生动的,必然是双向的交流而非单向的灌输。融合新闻和数据新闻正是在探索新闻传播新形态的背景下诞生的,这种新型的新闻模式比起以往更加形象生动,另外也可以更好地体现出传统媒体在专业性上的优势。

正如字面意思,融合新闻是一种将多种媒体的新闻传播活动整合在一起,采用多媒体、多渠道的方式进行传播的新闻模式。一个媒体赖以赢得竞争、胜过对手的主要因素,绝不只是靠原创性的独家新闻,而是靠独家的、具有原创性的信息加工标准、加工方式、信息处理手段及信息表现方式。仅仅依靠好的内容而忽视传播的手段、渠道以及背后的社会关系网络，主流媒体是没有办法在互联网时代占据优势地位的，也就打不赢媒体融合时代的"战争"。因此，发展融合新闻不失为一个有效的方法。通过融合新闻的方式，主流媒体不仅能发挥在内容上的专业性优势，也能发展和应用新媒体新技术，将新闻深入到公众的生活中去。

除去融合新闻，还有一种新闻形式颇受关注。在现今大数据技术的背景下，数据的作用为更多的人所关注，由此诞生了一种新的新闻报道形态，即数据新闻。数据新闻充分彰显了数字技术发展与新闻业的融合，一定程度上改变了传统新闻生产流程，顾名思义，数据新闻是一种以数据为基础、以可视化方式进行传播的新闻模式。[①] 目前，在大数据新闻制作上可供借鉴的国际媒体有《卫报》《纽约时报》《华盛顿邮报》等，但这些媒体也处于探索发展阶段。数据新闻需要技术和人才等多方面的支持，除此之外也需要正确的观念引导。正如一再强调的，媒体不是为了融合而融合，数据新闻也不是为了堆砌数据而使用数据，如果数据的使用使新闻变得生涩难懂，起不到对问题或现象进行解释和阐述的作用，数据新闻的形式就不可取。英国《卫报》数据新闻编辑西蒙·罗格曾说："数据新闻不是可视化效果，而是用最好的方式去讲述故事。只是有时故事是用可视化效果来讲述的。"在新闻呈现方式多样化的探索过程中，我们要始终牢记以用户为中心，以提升用户体验为目标进行改革。

2.移动直播方式与媒体报道同时性的结合

2016年被称为直播元年。直播这一形式并不是新的传播手段，广

---

① 张宏军.模块式新闻：正在流行的新闻写作样式[J].新闻界，2005(4).

播电视直播的发展已有非常悠久的历史,此处"直播元年"中的"直播"着重强调的是近年来迅速兴起的网络直播。2016年网络直播井喷式爆发是在移动网络高速发展、使用成本迅速降低、设备功能逐步完善等众多因素的共同作用下实现的。《21世纪经济报道》相关报道称,中国工信部部长苗圩在通信展暨ICT中国·2016高层论坛开幕式上致辞时曾指出,截至2016年7月,中国移动电话用户总数达到13.04亿户,其中4G用户总数达到6.46亿户。这一庞大的数据证明越来越多的人拥有了发布和接收图像声音的端口——一部能够随时上网的智能手机,智能手机深度渗透用户生活和工作的各种场景,迅猛发展的移动互联网技术潜移默化地影响并改变着每个人的生活。就是在这一背景下,网络直播开始"崭露头角"并且迅速"出人头地"。

与传统广播电视的直播相比,网络直播有自己独特的优势。凭借各种直播平台,网络直播成为一种新的社交手段,其准入门槛很低,只要拥有一部能够上网的移动设备就能够实现随时随地的直播,是一种很"接地气"的传播方式,它可以消解人们彼此之间由于距离感产生的隔阂。"全民直播"的时代也由此拉开序幕。另外,网络直播也吸引了很多企业和媒体的注意。通过直播平台的分区,企业和媒体能够节省时间,快速找到自己的目标受众群体,并且在网络直播过程中点赞和观看人数能直接反映出受众的喜恶态度,及时评论的功能也使得网络直播的反馈比以往广播电视直播的反馈更加直接和迅速。不仅如此,受众群体在娱乐的同时,也能直观地感受到企业或是媒体的文化魅力,企业或媒体因此能以不同于硬广告的温和方式有效树立起品牌形象。伴随技术的进一步发展,如果网络直播能与VR等新技术结合,又将带给受众全新的感官体验。类似这种具有沉浸式感官效果的及时传播可能也会成为新的热点和发展方向,因此主流媒体要充分利用现有技术和平台,及时适应受众需求,更新和改进现有传播方式。媒体融合本身不是为了融合媒介与平台,不是为了追求单纯的传统与现代传播方式的相加,其出发点在于满足受众的需求和给受众提供更好的体验。主流媒体若能确实地结合人们喜闻乐见的新方式进行传播,显然将会更有助于接近和满足受众需求。

3. 机器写作的介入

人类步入人工智能时代标志着机器人和人工智能技术将开始影响每一个行业及其中的每一个个体。正如同移动互联技术发展推进媒体走向深度融合发展一样,面对人工智能时代的挑战,媒体行业同样不可能墨守成规,独善其身,而应积极寻找突破口和新机遇,将新技术为我所用,而机器人则可以作为连接人工智能技术与媒体融合进程的桥梁。与传统记者相比,机器人记者全年无休,拥有人类无法比拟的数据处理速度,能承担超越人类承受范围数倍乃至数十倍的工作量并能始终保持工作中的准确性,需要的成本比起雇佣大量记者显然也要低得多。可以说,机器人记者将成为媒体数据处理的左膀右臂,机器写作的应用范围也将随着机器人的发展不断扩大。

在机器写作介入常规新闻工作时,关于机器人记者的探讨更多集中于机器人记者是否会在工作上彻底代替记者这个问题。的确,机器人记者和机器新闻确实具备了伴随技术而来的许多优势,但就目前的认知而言,机器人在根本上缺失进行自动化的人际互动的能力,在新闻写作和新闻报道过程中也就难免缺乏人情味和个人风格。至少在现阶段,机器新闻的作用主要是将记者从繁杂的数据处理和机械化新闻写作的工作中解放出来,使记者将更多精力投入新闻的深入挖掘和与受众的情感性互动上。现在,机器写作还处于初级阶段,以写作财报、股票信息、天气预报和体育赛事等数据性强的事实类报道为主。

我们需要在进一步理解人工智能技术潜力的基础上,探索机器新闻写作的未来模式。① 这样便可以在媒体融合进程中提高新闻写作的效率,推动创作者自我定位的升级,激发从业人员工作的热情和创造力。

三、传播者的转变:人才的培养

传播者是传播行为的主体,在传播过程中占据着重要的地位。在媒体融合的进程中,传播者也同样重要,媒体融合表面上是渠道和内容的融合,但更为关键的是背后人才的融合。2016年2月19日,习近平总书记在视察人民日报、新华社、中央电视台三家媒体后曾召开党的新闻舆论工作座谈会并发表重要讲话,在讲话中,习总书记强调人才资源是第一资源,也是创新活动中最为活跃、最为积极的因素,媒体竞争关键是人才竞争,媒体优势核心是人才优势,构建舆论引导新格局需要加快培养造就一支政治坚定、业务精湛、作风优良、党和政府放心的新闻舆论工作队伍。人才的融合是否成功,将直接关系到整体媒体融合的进程能否顺利,人才既是主流媒体在推进媒体融合进程中的优势,也有可能成为劣势。多年来,主流媒体积累了一批优秀的新闻从业人员,无论是新闻采集还是编辑都体现出极高的专业性。在网络传播时代,优秀的新闻从业人员扎实的采写功底无疑有助于发挥主流媒体以内容取胜的优势。然而,如今的媒体竞争已不同于传统广播电视时代的竞争,主流媒体若想抢占优势地位,不仅需要优质的内容,也需要支撑媒体融合顺利推进的新型人才储备。因此,主流媒体应在保证传统优势的同时,积极推进人才的融合。

---

① 参见企鹅智库发布的《2016中国新媒体趋势报告》。

人才的融合主要包含三个方面的内容。首先,主流媒体应着手改善优秀人才流失的现状。随着互联网的发展,开放的网络空间与更具可能性、自由度的个性化特征吸引着大批人才,其中不乏包括主流媒体从业人员在内的大量传统媒体从业人员。这些优秀的传统媒体从业人员主动选择流向互联网空间,通过提供文字和影像作品、主办网络节目、在幕后为网络平台的搭建出谋划策等方式与新兴媒体之间建立联系,这些人才因为新媒体待遇更高、言论相较而言更具开放性、更能发挥自己的才能抱负等原因放弃了在传统媒体的工作职位。单就大量优秀从业人才转行来说,这一现象显示出传统媒体在新环境下似乎缺乏吸引力,这既不利于鼓舞现有职员士气,增强凝聚力,也不利于吸引新人才的入驻。此外,对于传统主流媒体而言,这不仅是单纯的人才损失,也是在增强互联网新媒体竞争力的同时削弱自身实力。2016年2月19日,习近平总书记在对三家新闻单位视察结束后也指出,要深化新闻单位干部人事制度改革,对新闻舆论工作者在生活上真诚关心、待遇上及时保障。因此,主流媒体应重视人才流失问题,及时改进现有人事管理制度的不足,统筹配置编制资源,开展人员编制总量管理,增强新闻舆论工作队伍事业心、归属感、忠诚度,为新闻事业长远健康发展提供坚实有力的人才支撑。其次,主流媒体应多方面吸收新人才。为了推进媒体融合创新发展,传统意义的媒体人才自然不可或缺,但拥有新知识新技术的人才加盟更是不容忽视,诸如大数据分析和应用人员、互联网运营专员、APP等新平台新渠道的运营人员等多方面人才都将成为媒体融合的重要推动力量,同时也将成为移动互联时代媒体不可或缺的重要竞争力。因此主流媒体应抓住时机,用自身的良好口碑和更多的机会吸引掌握新兴技术的人才加盟,为主流媒体增加竞争力和创造力,推动媒体融合创新发展。最后,主流媒体还应注重全媒体记者、全媒体内容团队的打造。媒体融合要求内容的采写以一次采集、多次加工、多元传播的高效方式进行,因此需要更具专业素养的、能应对全媒体生态的新型人才,新闻直播、数据新闻等新形态的新闻也需要记者具备对环境和数据的高敏感度。说得通俗一些,当全媒体记者到新闻现场进行采写时,必须依据环境迅速作出判断,究竟文字、数据、图片、视频、直播等何种手段最适合当前环境,快讯、消息、通讯、图像等何种新闻表现形式最适合这个新闻;编辑在发布的过程中,究竟文字、图片、视频等内容更适合投放在何种平台才能达到最佳传播效果,这些都需要记者和编辑有效规划和具体实施。主流媒体应抓住技术高速发展的机遇,早日着手打造和培养自己的新媒体团队,以适应媒体融合创新发展对人才的需要。

四、加强对用户的引导,提高媒介素养

目前学界对于媒介素养没有一个统一权威的定义,较被认可的是1992年美国媒体素养研究中心的定义,即"人面对媒体各种信息时的选择能力、理解能力、质疑能力、评估能力、创造和生产能力以及思辨的反应能力"。简单来讲,媒介素养就是公众对媒介的认知、参与和使用的能力。媒介素养与媒体的舆论引导之间存在着紧密的联系。如果一个国家的公众能正确理解并使用媒介,那么主流媒体的舆论引导将事半功倍,相反,如果一个国家的公众媒介素养很低,将会为主流媒体的舆论引导工作带来巨大的阻碍。

伴随数字技术和移动技术渗透到人们生活中的方方面面,传统"枪弹论"中将受众看作中弹即倒的靶子的看法早已不再适用。现在的受众不仅是接受者,更是参与者、消费者、传播者,用户对媒介的使

用也不再是一味地被动接受,而是充满个性化、差异化的订阅式、选择性使用。伴随着移动互联技术的一步步发展,在现在的网络生活中,受众已日渐形成不同于以往被动接受信息的"参与性文化"。受众不再被动地消费内容,他们被赋予了前所未有的主动性和主体意识,其参与行为也具有不可忽视的影响和作用。在网络逐渐占据主导地位的传播环境下,无论是内容的制作、分发还是接收环节,都越来越离不开作为个体的受众的参与。受众找到了自己的平台,自己的"扬声器",可以在法律法规允许的范围内随意搜寻自己需要的信息,还可以进行评论、转发,甚至自己发布和创作信息。受众作为个性迥异的个体,在传播活动各环节的参与中必然都带着鲜明的个性化印记,并且其意见观点将有意无意地劝服或影响到更多的人。在这一过程中,无论是处于哪一环节或扮演什么角色的受众,其本身的媒介素养如何将在很大程度上影响他们制作、接收和传播内容时的观点与判断。

目前,我国公众的媒介素养正处于转型期,呈现出极不稳定的状态。新媒体新平台的交互性、海量性、开放性和一定程度上的匿名性确实为提升用户体验带来了新的机遇,但也暴露了一系列问题。首先,由于新媒体的开放性和匿名性,媒介内容把关力度大大减弱,信息的专业性和真实性都有所降低;其次,在媒介内容上,公众的品位渐渐趋于感性化和功利化,出现猎奇、猎艳的趋势,当然这也与媒介产品的商业属性和消费观念密不可分;最后,公众对媒介信息缺乏理性认知,谣言和辟谣信息铺天盖地,难辨真伪却又广泛传播,群体极化现象也时有发生……当公众迷失在移动互联的狂欢中时,亟须主流媒体在新媒体领域重塑专业性与权威性的风向标,掌握话语权,巩固加强舆论引导的地位。

"以人为本"作为社会思潮和价值观念想必广为人知,这一思想同样应成为促进新闻媒体健康发展的根本途径。结合当前技术发展与媒体业态而言，任何媒体都应竭尽全力满足用户个性化的需求和体验，而这也是媒体融合发展的根本推动力。但是这并不意味着主流媒体要一味迎合用户趣味而不加以引导或教育，各个媒体特别是主流媒体更应承担起舆论引导和教育大众的使命与责任。单就传播的教化作用而言，无论是拉斯韦尔在《传播在社会中的结构与功能》中提出的社会遗产继承功能，还是赖特在《大众传播：功能的探讨》中提出的社会化功能，都强调了传播社会化作用的存在，即教育功能在传播过程中确实发挥着不可忽视的作用，长久以来经过事实检验，学界和业界也都肯定了传播的这一功能。主流媒体加强对用户的引导，提高其媒介素养，能更好地推动媒体融合向正确的方向发展，这既是主流媒体责任意识的彰显，同时亦有助于主流媒体更好地彰显其社会价值。

结　语

互联网技术将现代社会带入了新的历史时期，更为重要的是，这种涉及全社会上上下下翻天覆地的变化亦不过是人类迈入数字技术和网络技术的时代后最初的体验而已。在媒介领域，传统的媒体生态遭到了前所未有的冲击和挑战，但科学技术的发展进步在可以预见的未来仍会保持高速增长。倘若部分传统媒体试图在全新的媒介环境中忽视各种媒介技术的进步和受众需求的变化，别有用心地利用国家对媒介事业的规制为自己诡辩，其被社会和用户摒弃的结局则不可避免。相反，一个负责任的传统媒体，特别是目前仍以传统媒体为主要形态存在的各主流媒体，必须要主动融入数字环境，推动媒体融合与创新发展。仅就媒介领域的这场变革而言，身处漩涡中心的我国主流媒体肩负着党、国家和人民赋予的重要责任与使命，主流媒体需要利用互联网完成媒体转型升级，牢牢掌握新媒体舆论阵地，从而更好地传达党和国家的声音以及人民的殷切期盼。在改革的过程中，我国主流媒体要在宏观、中观、微观三个层面上积极寻求改变。

在宏观层面，我国主流媒体要深入贯彻"全媒体"理念，在思想上形成真正的媒体融合观念,而不是为了响应政策、迫于潮流而去融合。与此同时,主流媒体必须坚持党性原则,摆正主流媒体在舆论宣传工作上的主体地位,在此基础上主动融入市场竞争的大环境中,尝试推进跨界合作并着手推动台网一体化进程,确立开放性的整体发展布局。另一方面,我国主流媒体也要与时俱进,积极创新,打造能够适应新媒体环境并形成良性联动的新体制新机制。

在中观层面,我国主流媒体要转变现有区域发展策略,推进跨区域整合合作,搭建云平台以实现数据资源的利用和平台资源的共享,并进一步加强市场化运作以应对激烈的市场竞争。面对越来越激烈的媒介市场竞争,主流媒体要通过创造和扩大其品牌价值,打造形式创新、理念独特、内容新颖的品牌栏目或节目来培养用户黏性,努力占据舆论主阵地。

在微观层面,要特别注重和紧跟技术创新发展的步伐,搭建媒体数据库,转变传统新闻生产和报道方式,注重适应新媒体环境的人才的培养。同时也不能忽视对用户的引导并提升其媒介素养,彰显主流媒体的责任意识,推动媒体融合走向更加人性化的正确发展方向。

推动主流媒体融合创新发展不仅需要政府的管理和规制,更需要媒体清楚地认识自己的处境和任务,从而做出艰难却将卓有成效的决定。参与到媒介融合的大潮当中,并不意味着主流媒体要放弃自身的全部属性,更不意味着成为众多凭借新媒体技术成立的媒介组织中的一个。诚然,媒体融合是发展的大方向,这个方向不可逆转,但是各个媒体实现自身的融合发展的方式却是多种多样的。主流媒体要依据自身实际情况和问题,制定适合自身发展的策略。现在众多主流媒体的融合进程更多地仍然停留在形式层面,即简单地在新旧媒体间照搬内容,而横跨不同媒介建立的各个平台间缺乏联动。主流媒体应当在媒介融合中做到更多,如充分发挥各媒介的不同特点并相互作用,运用互联网思维统筹布局新闻媒体工作、掌握主动权。全新起航的主流媒体应该在互联网空间和新媒体平台继续占据舆论主阵地,用主流价值观影响互联网舆论生态。通过对整个产业融合发展的参与和引导,更好地体现党的意志、反映党的主张,更好地赢得用户、服务人民。

图书在版编目(CIP)数据

中国主流媒体融合创新研究 / 段鹏著. — 北京：中国传媒大学出版社，2018.8
ISBN 978-7-5657-2379-7

Ⅰ.①中… Ⅱ.①段… Ⅲ.①传播媒介—研究—中国 Ⅳ.①G219.2

中国版本图书馆 CIP 数据核字(2018)第 194199 号

中国主流媒体融合创新研究
ZHONGGUO ZHULIU MEITI RONGHE CHUANGXIN YANJIU

著　　者	段　鹏
策划编辑	蒋　倩
责任编辑	蒋　倩
封面设计	拓美设计
责任印制	曹　辉
出版发行	中国传媒大学出版社
社　　址	北京市朝阳区定福庄东街 1 号　邮编：100024
电　　话	86－10－65450528　65450532　传真：65779405
网　　址	http://www.cucp.com.cn
经　　销	全国新华书店
印　　刷	北京中科印刷有限公司
开　　本	710mm×1000mm　1/16
印　　张	13
字　　数	160 千字
版　　次	2018 年 9 月第 1 版　2018 年 9 月第 1 次印刷
书　　号	ISBN 978-7-5657-2379-7/G・2379　　定　价　58.00 元

版权所有　　翻印必究　　印装错误　　负责调换